**RÉSON**

*Collection dirigée p*

GW01417904

Étude sur

# FLAUBERT

## Madame Bovary

par Véronique Magri-Mourgues

Agrégée de Lettres modernes
Maître de conférences à l'Université de Nice

ellipses

## Dans la même collection

ISBN 2-7298-9945-6

© Ellipses Édition Marketing S.A., 1999
32, rue Bargue 75740 Paris cedex 15

**DANGER**
LE
PHOTOCOPILLAGE
TUE LE LIVRE

# L'ŒUVRE ET SES CONTEXTES

## I. REPÈRES BIOGRAPHIQUES ET HISTORIQUES

### 1. Les œuvres de jeunesse : une inspiration romantique (1821-1843)

| | Histoire et littérature | Vie de Flaubert | Œuvres de Flaubert |
|---|---|---|---|
| 1813 | | 9 février. Naissance d'Achille Flaubert, frère de Gustave. Il succédera à son père comme médecin. | |
| 1815 | **L'Empire-Préromantisme et romantisme (le culte du moi)** Les Cent Jours. 18 juin : Défaite de Waterloo qui signe la fin de l'Empire. Napoléon est exilé à Sainte-Hélène. Seconde Restauration par Louis XVIII. | | |
| 1816 | *Adolphe* de Benjamin Constant. | | |
| 1821 | | 12 décembre. **Naissance de Gustave Flaubert** à l'Hôtel-Dieu de Rouen, où son père est chirurgien-chef. Rouen est l'un des plus grands centres urbains de la France de l'époque. Sa cathédrale est célèbre. Le fils de son parrain, Alfred Le Poittevin, fut un ami proche de Flaubert et l'oncle de Guy de Maupassant. | |
| 1823 | *Racine et Shakespeare* de Stendhal. | | |
| 1824 | Mort de Louis XVIII. Son frère, Charles X, lui succède. Ce | 8 février. Naissance de Caroline, sœur de Gustave. | |

| | | |
|---|---|---|
| | sera le dernier roi de la branche des Bourbons. | | |
| 1825 | | Julie entre au service des Flaubert. Elle a peut-être servi de modèle à la servante de *Un cœur simple*. | |
| 1826 | *Cinq Mars* de Vigny, roman historique. | | |
| 1827 | *Cromwell* de Victor Hugo : la préface propose une théorie du romantisme en rupture avec les règles classiques. | | |
| 1829 | *Les Orientales* de Victor Hugo : poèmes d'inspiration exotique. | | |
| 1830 | **Monarchie de Juillet** avec Louis-Philippe, roi des Français. **Le romantisme militant (1830-1848)** *Le Rouge et le Noir* de Stendhal. *Hernani* de Victor Hugo : ce drame romantique est à l'origine de la célèbre « bataille » du même nom qui eut lieu lors de la première représentation, le 25 février à la Comédie-Française. Elle opposa les jeunes romantiques à l'école classique. | | La vocation littéraire de Flaubert est précoce. Dès 1830, il multiplie la rédaction de discours politiques, de contes, de comédies. La correspondance de Flaubert est un témoignage précieux qui accompagne sa vie entière. |
| 1831 | *Notre-Dame de Paris* de Victor Hugo. | Flaubert est interne au lycée de Rouen (1831-1839). | |
| 1832 | *Indiana* de George Sand, roman sentimental. | | |
| 1834 | Apparition du mot « réalisme » dans *La Revue des Deux Mondes*. Début de la rédaction de *Lucien Leuwen* par Stendhal : roman où se trouve décrite la société sous la monarchie de Juillet. | | Gustave Flaubert est élève de Dugazon. Il fonde une revue *Art et Progrès* dont seul le numéro 2 a été retrouvé. |
| 1835 | *Le Père Goriot* de Balzac. *Mademoiselle de Maupin* de | | |

| | | | |
|---|---|---|---|
| | Gautier. *Les Chants du crépuscule* de Victor Hugo (poésie). | | |
| **1836** | *La Confession d'un enfant du siècle* de Musset : roman autobiographique qui peint le « mal du siècle » propre à la génération romantique. | **L'éveil amoureux**<br>Flaubert rencontre Élisa Schlesinger, âgée de 26 ans, lors d'un été à Trouville. C'est Maria dans *les Mémoires d'un fou* puis Marie Arnoux dans *L'Éducation sentimentale*. | *Rage et impuissance,* conte malsain pour les nerfs sensibles et les âmes dévotes. |
| **1837** | *Mauprat* de George Sand, roman sentimental. | Les Flaubert sont reçus au château de Héron chez le Marquis de Pomerey. Un écho dans le bal de *Madame Bovary* ? | Février. Un essai *Bibliomanie* est publié dans *Le Colibri, Journal de la littérature, des théâtres, des arts et des modes.*<br>Décembre. *Passion et vertu.* Conte philoso-phique rédigé à partir d'un rapport d'audience paru dans *La Gazette des tribunaux* et qui semble une première ébauche de *Madame Bovary.* |
| **1838** | *Ruy Blas* de Victor Hugo : drame romantique où le grotesque se mêle au sublime.<br>*La Chute d'un ange* de Lamartine (poésie). | | Rédaction des *Mémoires d'un fou.* Récit en partie autobio-graphique. Publié dans *La Revue blanche* à partir de 1900. |
| **1839** | *La Chartreuse de Parme*, de Stendhal : roman historique et social. | | *Smarh*, « vieux mystère » : récit de jeu-nesse qui témoigne d'un romantisme exalté et annonce *La Tentation de saint Antoine.* |
| **1840** | | Bachelier ès lettres.<br>Premier long voyage dans le sud de la France et en Corse avec Jules Cloquet, disciple du père de Flaubert.<br>L'éveil des sens. Aventure avec Eulalie Foucaud, née Delanglade, fille de l'Hôtelier à Marseille. | *Voyage aux Pyrénées et en Corse*, œuvre posthume. |

| 1842 | Balzac commence la publication de *La Comédie humaine.* | Été à Trouville. Flaubert y rencontre Gertrude et Harriet Collier. | |
|------|------|------|------|
| 1842 | *Les Mystères de Paris* d'Eugène Sue : roman social paru sous forme d'épisodes quotidiens dans le *Journal des Débats (1842-1843).* | Flaubert fait la connaissance de Maxime Du Camp qui deviendra son ami. | *Novembre,* récit de veine autobiogra-phique : œuvre de jeu-nesse la plus remar-quable, qui transpose l'histoire d'Eulalie Foucaud. « Une analyse psychologique faite par un homme de vingt et un ans a bien des raisons pour n'être que l'analyse des sentiments mêmes de l'auteur » (M. Du Camp, *Souvenirs littéraires,* p. 25). |
| 1843 | *Les Burgraves* de Victor Hugo : drame à l'intrigue compliquée dont l'échec écarte Victor Hugo du théâtre. | Flaubert fréquente l'atelier du sculpteur Pradier. Rencontre de Victor Hugo. | |

## 2. La crise et le refuge de Croisset (1844-1851)

| | Histoire et littérature | Vie de Flaubert | Œuvres de Flaubert |
|------|------|------|------|
| 1844 | *Les Trois Mousquetaires, Le Comte de Monte-Cristo* de Alexandre Dumas. *Les Mystères de Londres* de Paul Féval. | **Crise nerveuse**, peut-être la première crise d'épilepsie. Flaubert décide d'abandonner les études de droit et de s'orienter définitivement vers la littérature. Dès juin 1844, les Flaubert s'installent à Croisset. | |
| 1845 | *Carmen,* nouvelle de Prosper Mérimée. | Flaubert accompagne sa sœur et son mari, Émile Hamard, en voyage de noce en Italie. | La première *Éducation sentimentale* est ache-vée. Premier roman de Flaubert. Cette première version ne sera publiée qu'en 1910. Notes de voyage. |
| 1846 | *La Mare au diable* de George Sand : roman social et « champêtre ». | Mort du père de Flaubert. Flaubert se lie avec Louis Bouilhet. | |

|  | La Cousine Bette de Balzac. | Mort de la sœur de Flaubert après avoir donné naissance à une fille, Caroline. Rencontre de Louise Colet chez le sculpteur James Pradier. La liaison amoureuse commence en juillet. |  |
|---|---|---|---|
| 1847 | Les Hauts de Hurlevent de Emily Brontë. | Voyage en Anjou, en Bretagne et en Normandie avec Maxime Du Camp. | Par les champs et par les grèves. Récits de voyages. Du Camp rédige les chapitres pairs et Flaubert les autres. Un fragment paraît dans l'Artiste le 18 avril 1858. |
| 1848 | Seconde République. Réalisme et naturalisme (l'observation sociale) | « On ne pourra pas être plus bourgeois ni plus nul. Quant à plus bête, est-ce possible ? » (À Louise Colet, mars 1848). Mort d'Alfred Le Poittevin. | Début de La Tentation de saint Antoine (1848-1849). Critiques de Du Camp et de Bouilhet auxquels Flaubert fait la lecture de la première Tentation. |
| 1849 | La Petite Fadette de G. Sand : roman de la même veine que La Mare au Diable. | Voyage en Orient (Égypte, Palestine et Syrie) avec Maxime Du Camp. |  |
| 1850 | Mort de Balzac. |  |  |
| 1851-52 | Causeries du Lundi par Sainte-Beuve. |  |  |
| 1851 | 2 décembre. Coup d'État de Louis-Napoléon | « Nous allons entrer dans une bien triste époque.» (À Harriet Collier, 1851). Voyage avec sa mère et sa nièce Caroline à l'occasion de la Grande Exposition en Angleterre. | Notes de son voyage en Orient. Un extrait paraît en 1880. |

## 3. *Madame Bovary* (septembre 1851-1856)

|  | Histoire et littérature | Vie de Flaubert | Œuvres de Flaubert |
|---|---|---|---|
| 1852 | Second Empire. Napoléon III. Émaux et Camées de Théophile Gautier. |  |  |

| 1853 | Les Châtiments de Victor Hugo : œuvre poétique satirique dirigée contre Napoléon III, dit « Napoléon le Petit ». | | |
|------|------|------|------|
| 1855 | | Rupture avec Louise Colet. | |
| 1856 | Les Contemplations de Victor Hugo : recueil à caractère autobiographique, de poèmes écrits à des dates diverses. | Une Histoire de soldat, de Louise Colet, dernière relance à Flaubert. | Deuxième version de La Tentation de saint Antoine. Fragments parus dans l'Artiste en 1856, revue dirigée par Théophile Gautier. |
| 1857 | Les Fleurs du mal de Charles Baudelaire. Procès et condamnation. | | Madame Bovary est publié chez Lévy. Procès le 29 janvier et acquittement le 7 février. |

## 4. Salammbô (1857-1862)

| | Histoire et littérature | Vie de Flaubert | Œuvres de Flaubert |
|------|------|------|------|
| 1857 | Recueil d'articles de Champfleury sous le titre de Réalisme. | | |
| 1858 | Le Roman de la momie de Théophile Gautier. | Départ pour Carthage. Flaubert prépare Salammbô. « J'ai seulement besoin [...] de me promener aux environs de Carthage dans un rayon d'une vingtaine de lieues pour connaître à fond les paysages que je prétends décrire. » (À Mlle Leroyer de Chantepie, 23 janvier 1858). | |
| 1859 | Lui, Louise Colet. L'auteur y évoque ses liaisons avec Musset et Flaubert. Dans un de ses Salons, Baudelaire traite de la question du réalisme. La Légende des siècles de Victor Hugo : poèmes épiques publiés en trois séries (1859, 1877 et 1883). | « Une chose magnifique vient de paraître : La Légende des siècles, de Hugo. » (À Mlle Leroyer de Chantepie, 8 octobre 1859). | |

| 1860 | *Les Paradis artificiels* de Charles Baudelaire. | « Vous avez trouvé le moyen d'être classique, tout en restant le romantique transcendant que nous aimons. » (À Baudelaire, 22 octobre 1860). Flaubert se lie aux frères Goncourt. | |
|------|---|---|---|
| 1862 | *Les Misérables* de Victor Hugo. Ce roman social est critiqué par Flaubert qui y trouve trop de fantaisie pour peindre le réel. *Dominique* de Fromentin, roman d'inspiration romantique. | | Publication de *Salammbô*. |
| 1863 | | Mariage de la nièce de Flaubert avec Ernest Commanville. Flaubert se lie avec Renan, Tourgueniev, George Sand. | Première lettre à George Sand. *Le Château des cœurs*, féerie en dix tableaux, écrit en collaboration avec Louis Bouilhet et Charles d'Osmoy. Le texte intégral est publié dans *La Vie moderne*, du 24 janvier au 8 mai 1880. |
| 1865 | *Germinie Lacerteux* des frères Goncourt. | | |

## 5. *L'Éducation sentimentale* (1864-1869)

| | Histoire et littérature | Vie de Flaubert | Œuvres de Flaubert |
|------|---|---|---|
| 1866 | Zola emploie pour la première fois le terme de « naturalisme » dans un sens littéraire, à propos de Taine. *Les Travailleurs de la mer* de Victor Hugo. | Flaubert est fait chevalier de la Légion d'honneur avec l'aide de la princesse Mathilde. | |
| 1867 | *Thérèse Raquin* de Zola. | | |
| 1869 | *L'Homme qui rit* de Victor Hugo. | Mort de Louis Bouilhet. « Je ne me sens plus le besoin d'écrire, parce que j'écrivais spécialement pour un seul être qui n'est plus. » (À George Sand, août 1870). Mort de Sainte-Beuve. | *L'Éducation sentimentale*, deuxième version, est achevé. Les événements de 1848 servent de support au roman. Première édition originale chez Lévy en 1870. |

## 6. *La Tentation de saint Antoine* (1869-1874)

| | Histoire et littérature | Vie de Flaubert | Œuvres de Flaubert |
|---|---|---|---|
| 1870 | Guerre franco-allemande. Défaite de Sedan. Chute du Second Empire. **Troisième République.** Thiers est à l'origine d'une paix défavorable. | Mort de Jules de Goncourt. Croisset est occupé par les Prussiens. Installation à Rouen. | Flaubert écrit la Préface aux *Dernières Chansons*, poésies posthumes de Louis Bouilhet. |
| 1871 | La Commune de Paris. Le peuple parisien rejette le gouvernement de Thiers installé à Versailles. La semaine sanglante. Écrasement de la Commune. | Flaubert rend visite à la princesse Mathilde à Bruxelles. « Depuis 1870, je suis devenu patriote. En voyant crever mon pays, je sens que je l'aimais. » (À Tourgueniev, 13 novembre 1872). Retour à Croisset. | |
| 1872 | | Mort de la mère de Flaubert. Mort de Théophile Gautier. Brouille avec l'éditeur, Michel Lévy. Charpentier propose de racheter les droits d'édition. | Fin de *La Tentation de saint Antoine*, troisième version. *Le Candidat*, comédie en quatre actes, est présentée : elle se solde par un échec. |
| 1873 | *Quatrevingt-treize* de Victor Hugo : roman historique. Mac-Mahon est élu président de la République après la démission de Thiers. | Mort d'Ernest Feydeau. | |
| 1874 | | | Publication de *La Tentation de saint Antoine* chez Charpentier. |
| 1875 | | Ruine des Commanville. | |
| 1876 | 13 avril : début de la publication de *L'Assommoir* de Zola en feuilleton dans le *Bien Public*. | « J'ai lu [...] quelques fragments de *L'Assommoir*. Ils m'ont déplu. Zola devient une précieuse, à l'*inverse*. Il croit qu'il y a des mots énergiques, comme Cathos et Madelon croyaient qu'il en existait de | |

| | |
|---|---|
| | nobles. » (À Tourgueniev, 14 décembre 1876). Mort de Louise Colet et de George Sand. | |

## 7. Trois contes (La Légende de saint Julien l'Hospitalier, Un cœur simple, Hérodias) (1875-1877)

| | Histoire et littérature | Vie de Flaubert | Œuvres de Flaubert |
|---|---|---|---|
| 1877 | L'Assommoir paraît en volume le 24 février. | | Les Trois contes paraissent chez Charpentier. |
| 1878 | Exposition universelle à Paris au Trocadéro, construit pour l'occasion. | | |

## 8. Bouvard et Pécuchet (1872-1875 et 1877-1880)

| | Histoire et littérature | Vie de Flaubert | Œuvres de Flaubert |
|---|---|---|---|
| 1879 | Jules Grévy est élu président de la République après la démission de Mac-Mahon. | | |
| 1880 | Nana de Zola. Boule de suif de Maupassant, grand succès du disciple de Flaubert. | **8 mai. Mort de Flaubert.** | Flaubert lit sur épreuves Boule de suif de son disciple Guy de Maupassant, véritable chef-d'œuvre selon lui. Le projet de Bouvard et Pécuchet remonte à 1852 au moins. Le plan en est ébauché en 1863 ; en 1872 il commence ses lectures et entame la rédaction en 1874 avant que la ruine de sa nièce et de son époux ne le force à l'interrompre. Il ne la reprendra qu'après Hérodias, en 1877. Le Dictionnaire des idées reçues, « apologie de la canaillerie humaine » (lettre à Louise Colet, 17 décembre 1852) devait être le second |

| | | | volume de *Bouvard et Pécuchet*. L'œuvre reste inachevée. |
|---|---|---|---|
| 1883 | *Une vie* de Maupassant. | | |

## Publications posthumes

1881 – Alphonse Lemerre publie la première édition en livre de *Bouvard et Pécuchet*.

1884 – Sa nièce Caroline publie les lettres de Flaubert à George Sand.

1886 – Sa nièce Caroline publie le *Journal de voyage en Bretagne* avec Maxime Du Camp.

1900 – Publication des *Mémoires d'un fou* dans *La Revue blanche*.

1911 – Publication du *Dictionnaire des idées reçues*, « groupement méthodique des lieux communs, des phrases toutes faites, des prudhommismes dont il riait et s'irritait à la fois ; le personnage de Homais dans *Madame Bovary*, le roman *Bouvard et Pécuchet* sont une réminiscence lointaine de ce projet de la vingtième année[1]. »

## II. *MADAME BOVARY* ET LA QUESTION DU RÉALISME

### A.    Le réalisme en questions

**Pratiques et théorie : rappels chronologiques**

Dans l'acception* usuelle du terme, une œuvre est dite réaliste si **elle se présente comme résultant de l'observation neutre de la réalité et si elle donne l'illusion de la réalité.**

Ce n'est que lorsqu'une tendance nouvelle relève d'une intention concertée et consciente qu'elle peut se constituer en doctrine et se réaliser en un mouvement littéraire. Les prémices d'une nouvelle manière d'écrire transparaissent dans les œuvres de Stendhal et de Balzac avec lesquels naît le « roman moderne[2] ».

Avec Stendhal, apparaît le concept du « roman-miroir » qui réfléchit le monde extérieur. Le roman prend les allures d'une chronique méticuleuse dont la formule de Saint-Réal devient la devise : « Un roman, c'est un miroir qu'on promène le long d'un chemin[3] ».

---

1. Maxime Du Camp, *Souvenirs littéraires*, 1822-1894, Paris, Hachette, p. 28.
2. Michel Raimond, *Le roman depuis la Révolution,* Paris, Armand Colin, 1967, p. 28 *sq.*
3. Stendhal reprend à son compte cette formule dans *Le Rouge et le Noir* paru en 1830. Ce roman est un exemple du réalisme minutieux de Stendhal qui privilégie les « petits faits vrais ».

Balzac fait évoluer les mêmes personnages d'un roman à l'autre dans l'univers de *La Comédie humaine* avec pour objectif de dresser le portrait de l'Humanité envisagée comme un éventail de types aux constantes psychologiques déterminées par leur environnement social. (Voir l'Avant-propos à *La Comédie humaine* : « je vis que [...] la Société ressemblait à la Nature. La Société ne fait-elle pas de l'homme, suivant les milieux où son action se déploie, autant d'hommes différents qu'il y a de variétés en zoologie[1] ? »).

Les théoriciens du réalisme sont les héritiers des tenants de la *mimesis*, concept élaboré dans *La Poétique* d'Aristote et *La République* de Platon qui prône l'imitation de la réalité.

– Champfleury, le plus actif des théoriciens, veut jeter les bases d'une doctrine réaliste et publie en 1855 un recueil d'articles intitulé *Le Réalisme* ainsi que des ouvrages comme *Chien-Caillou* (1847) ou *Les Aventures de Mlle Mariette* (1853).

– Louis Duranty, associé à Jules Assézat et à Henri Thulié, fonde la revue *Le Réalisme* qui sera publiée de novembre 1856 à mai 1857.

– Le théâtre compte des œuvres comme *Le Gendre de Monsieur Poirier* par Émile Augier (1854) ou *La Question d'argent* par Dumas fils (1857).

Le mouvement réaliste trouve un prolongement dans l'école naturaliste dont le chef de file est Zola et l'œuvre-manifeste, *Les Soirées de Médan*, recueil de nouvelles du groupe naturaliste (Émile Zola, Guy de Maupassant, Joris-Karl Huysmans, Léon Hennique, Paul Alexis, Henry Céard) (1880). Selon Champfleury même, le mot de réalisme dénote une période de transition entre le romantisme et le naturalisme. **Flaubert passera pour l'initiateur du naturalisme** dont les maîtres-mots sont observation et expérimentation, dans l'optique des théories de Darwin* et de Taine*.

## B.   La portée du mouvement réaliste

Les critiques s'accordent pour situer le mouvement réaliste entre les années 1848 et 1870. Ces limites chronologiques ne doivent pas faire imaginer l'histoire littéraire comme une succession de tranches temporelles aux contours nets et étanches et faire oublier que tout mouvement littéraire se constitue progressivement et non sans interférences. Lamartine et Victor Hugo écrivent des romans dignes de l'époque romantique pendant la période dite réaliste. Mais, pour être forcément artificielles, ces bornes tem-

---

1. Avant-propos à *La Comédie humaine* (1842), Paris, Gallimard, 1976, *O. C.* vol. 1, p. 8.

porelles ne sont pas arbitraires. Elles coïncident avec des bouleversements historiques et sociaux.

### 1. UN MOUVEMENT EN ACCORD AVEC LES MOUVANCES SOCIO-POLITIQUES

Les journées de juin 1848, en effet, sonnent le glas des espoirs suscités par la Révolution de juillet 1830 et du même coup de l'idéalisme romantique. **La désillusion est le mot qui peut résumer l'état d'esprit de la société française à cette époque**, caractérisée par la montée au pouvoir de la bourgeoisie et par la victoire du conservatisme.

Conjointement à la fin du romantisme, le spiritualisme laisse la place au positivisme*, développé dans les *Cours de philosophie positive* d'Auguste Comte (1830-1842). **La rigueur de l'analyse scientifique est transposable à tous les domaines.** L'homme lui-même est le fruit du milieu et de l'époque dans lesquels il vit ; des lois précises régissent son comportement. Le déterminisme déjà illustré par Balzac est à l'honneur.

### 2. UN MOUVEMENT EN RÉACTION CONTRE LE ROMANTISME

Le courant réaliste s'affirme contre :

– l'idéalisme mensonger qui gomme les aspects les moins nobles de la société. Dans la Préface à *Germinie Lacerteux* (1865), les Goncourt revendiquent le droit des basses classes à figurer dans le roman ;

– le lyrisme outrancier. Le romantisme prône le culte du moi, l'épanchement du sentiment et des émotions du narrateur. Le mouvement réaliste met en valeur l'observation quasi scientifique de la société ;

– la rêverie de l'ailleurs. Le héros romantique est un éternel insatisfait ; ses désirs démesurés se heurtent de manière irrémédiable à l'étroitesse du monde qui l'entoure, ce qui l'entraîne à des rêves d'évasion dans un ailleurs forcément exotique. Le réalisme, lui, préfère analyser la réalité sociale contemporaine.

Le credo du réalisme pourrait se résumer en **la volonté de peindre toute la réalité contemporaine avec le maximum d'objectivité.** L'écrivain réaliste devient un témoin sincère et transparent du monde qui l'entoure.

## C.   *Madame Bovary* est-il un roman réaliste ?

### 1. LE PARADOXE DE *MADAME BOVARY*

Ce paradoxe est flagrant si on oppose les dénégations de l'auteur qui se défend d'être réaliste et la lecture qui est faite de *Madame Bovary* : que le

terme soit pris en bonne ou mauvaise part, on s'acharne à attribuer l'épithète
« réaliste » au roman.

– Flaubert revendique **son indépendance par rapport à toute école** et
sa haine du réalisme à de multiples reprises :

> Je veux ne faire partie de rien, n'être membre d'aucune
> académie, d'aucune corporation, ni association quel-
> conque. Je hais le troupeau, la règle et le niveau. Bédouin,
> tant qu'il vous plaira ; citoyen jamais. (À Louise Colet,
> 23 janvier 1854).

> On me croit épris du réel, tandis que je l'exècre ; car c'est
> en haine du réalisme que j'ai entrepris ce roman. (À
> Madame Roger des Genettes, octobre ou novembre 1856).

> Mais je m'abîme le tempérament à tâcher de n'avoir pas
> d'école ! A priori, je les repousse toutes. (À George Sand,
> décembre 1875).

– Cependant, lors du procès de *Madame Bovary*, on accuse Flaubert d'un
réalisme vulgaire, outrancier, sans contrôle :

> Oui, M. Flaubert sait embellir ses peintures avec toutes les
> ressources de l'art, mais sans les ménagements de l'art.
> Chez lui point de gaze, point de voiles, c'est la nature dans
> toute sa crudité ! (Extrait du Réquisitoire de l'avocat Ernest
> Pinard, lors du procès de *Madame Bovary* aux audiences
> du 29 janvier et du 7 février 1857, *Madame Bovary*[1],
> p. 482).

> Cette morale stigmatise la littérature réaliste, non pas parce
> qu'elle peint les passions : la haine, la vengeance, l'amour ;
> le monde ne vit que là-dessus, et l'art doit les peindre ;
> mais quand elle les peint sans frein, sans mesure. (*Ibid.*,
> p. 490).

Le terme de « réalisme » est pris en mauvaise part lors du procès.
Peindre le réel tel qu'il est, c'est s'exposer à peindre la laideur physique ou
morale. On reproche à Flaubert sa crudité. On l'accuse d'**outrage à la
morale publique et religieuse**.

De même, le mot « réalisme » prend un sens péjoratif lors de l'exposition
de 1850-1851 lorsqu'il qualifie le tableau *L'Enterrement à Ornans* de
Courbet, qui fit scandale. Ce terme devient synonyme de vulgarité et d'obs-
cénité.

---

1. *Madame Bovary, Mœurs de province* (1857), Paris, Folio classique, Gallimard, 1972.
Désormais, la pagination donnée renvoie, sans autre mention, à cette édition.

– Les tenants du réalisme et du naturalisme* revendiquent leur filiation flaubertienne et *Madame Bovary* est alors considéré comme le premier roman réaliste.

Zola voit dans *Madame Bovary* le modèle du roman naturaliste :

> Le code de l'art nouveau se trouvait écrit. [...] Il n'y avait plus, pour chaque romancier, qu'à suivre la voie tracée, en affirmant son tempérament particulier et en tâchant de faire des découvertes personnelles[1].

## 2. DES PROCÉDÉS RÉALISTES

### a) DU RÉEL À LA FICTION

Alors que Balzac ne fait pas de recherches systématiques préalables, Flaubert se documente méticuleusement.

### *Le fait divers à la source[2] du roman*

Même si Flaubert prétend ne pas s'être inspiré d'un fait divers pour écrire son roman, les critiques s'accordent pour en identifier plusieurs dont les similitudes sont troublantes.

> *Madame Bovary* n'a rien de vrai. C'est une histoire *totalement inventée* ; je n'y ai rien mis ni de mes sentiments ni de mon existence (À Mlle Leroyer de Chantepie, 18 mars 1857).

**L'affaire Delamare** : Eugène Delamare — que Maxime Du Camp appelle Delaunay dans ses *Souvenirs littéraires*[3] — est un officier de santé, veuf d'un premier mariage, et remarié à une femme jeune, volage et prodigue. Le couple est établi à Ry, bourg agricole près de Rouen. Accablée de dettes, Delphine s'empoisonnera. Eugène Delamare se suicidera à son tour en 1848 en absorbant du cyanure de potassium, laissant une petite fille. Flaubert s'est défendu de cette source d'inspiration mais sa correspondance tend à prouver le contraire. Yonville n'est certes pas la copie conforme du village de Ry mais tous deux sont des villages normands sans originalité. C. Gothot-Mersch affirme que cette anecdote réelle a fourni le cadre général de *Madame Bovary* (*La Genèse* de Madame Bovary. Voir Bibliographie).

---

1. Émile Zola, *Les Romanciers naturalistes* (1881) *in Du roman (sur Stendhal, Flaubert et les Goncourt)*, Bruxelles, Éditions Complexe, 1989, p. 131.
2. La critique des sources d'une œuvre littéraire recherche tout document écrit ou tout fait réel préexistant qui aurait pu inspirer l'œuvre. Elle est sensible aux ressemblances, aux échos éventuels entre l'œuvre de fiction et les éléments de tous ordres qui constituent le savoir de l'écrivain.
3. Maxime Du Camp, *Souvenirs littéraires*, (1822-1894), Paris, Hachette, 1962, p. 112.

**L'affaire Loursel** : en avril 1844, un homme est soupçonné du meurtre de sa femme morte en couches. Le veuf avait conclu un mariage d'intérêt avec une Mademoiselle Bovery, fille d'un châtelain, qu'il fut ensuite accusé d'avoir empoisonnée à l'arsenic.

**L'affaire Lafarge** : en 1840, Marie Capelle est accusée du meurtre par empoisonnement de son mari, M. Lafarge. Madame Lafarge rédigea ensuite ses *Mémoires*.

– *Les Mémoires de Madame Ludovica* narrent l'histoire de la vie de Louise d'Arcet, épouse du sculpteur James Pradier, et notamment la ruine financière du couple en 1844. Il s'agit d'un manuscrit dont l'auteur est une confidente de la femme du sculpteur. Cette source n'a été découverte que tardivement, en 1947.

### Le préalable de la documentation

Flaubert a **le souci de décrire d'après des choses vues ou vécues** : c'est pourquoi il s'inspire de faits authentiques : les Comices de Grand-Couronne le 18 juillet 1852 et le compte rendu dans *Le Nouvelliste* de Rouen, par exemple, servent de point de départ à la scène des Comices de *Madame Bovary*. Les keepsakes[1] d'époque inspirent les descriptions des rêveries d'Emma. Flaubert n'hésite pas de même à aller à la source de l'information ; pour l'opération du pied-bot, il lit le *Traité pratique du pied-bot* de Vincent Duval et consulte son frère, médecin :

> J'ai été aujourd'hui à Rouen, exprès, chez mon frère, avec qui j'ai longuement causé anatomie du pied et pathologie des pieds-bots. (À Louise Colet, 18 avril 1854).

### Le dogme de l'impassibilité

> Je crois que le grand Art est scientifique et impersonnel. Il faut, par un effort d'esprit, se transporter dans les personnages, et non les attirer à soi. (À George Sand, 15-16 décembre 1866).

#### b) DE LA FICTION AU RÉEL : LA QUESTION DE LA RÉCEPTION, DE LA LECTURE

Les lecteurs contemporains de Flaubert s'amusèrent à un travail de reconnaissance : tous les habitants de Ry se reconnurent dans les personnages de *Madame Bovary*. Plus particulièrement, Mlle Leroyer de Chantepie, vieille

---

1. Livre-album joliment présenté incluant des poèmes, des fragments de prose et illustré de fines gravures, couramment offert à l'époque romantique. Dès Les *Salons* de Baudelaire (1845), le terme peut être utilisé en mauvaise part, dénonçant un raffinement excessif, artificiel et un peu mièvre. (Voir *Trésor de la langue française*).

fille provinciale, crut pouvoir s'assimiler à Emma Bovary et entretint alors une correspondance régulière avec Flaubert.

L'identification des lecteurs aux personnages du roman est facilitée par l'absence de personnages d'exception, hors du commun, qui s'éloigneraient forcément du lecteur quotidien, et parallèlement par l'absence de situations rocambolesques et fantaisistes. Ce faisant, Flaubert s'écarte des romans aux intrigues de convention et aux personnages stéréotypés qui ont fait l'éducation d'Emma Bovary et qui sont illustrés par des titres comme *Claire d'Albe* de Madame Cottin, *Valérie* de Madame Krüdener, *Delphine* et *Corinne* de Madame de Staël.

> Les milieux communs me répugnent et c'est parce qu'ils me répugnent que j'ai pris celui-là, lequel était archi-commun et anti-plastique. (À Louis Bonenfant, 12 décembre 1856).

### 3. LES LIMITES DE L'ÉQUIVALENCE

L'œuvre d'art est la seule réalité : Même si l'œuvre de fiction s'inspire du réel, **elle ne vise pas à une reproduction fidèle et servile.** L'interprétation est essentielle : le réel passe d'abord par le prisme de la conscience perceptrice avant de servir de matière à la fiction. Le choix nécessaire des éléments du réel est la première étape de l'interprétation.

> Il ne s'agit pas seulement de voir, il faut arranger et fondre ce que l'on a vu. La Réalité, selon moi, ne doit être qu'un *tremplin*. (À Tourgueniev, 8 décembre 1877).

Le fait divers n'est pas simplement copié mais lance l'impulsion créatrice qui sert à une autre démonstration.

On peut s'amuser à retrouver Flaubert dans le roman : l'écrivain se devine au travers de la couleur normande qui rappelle ses propres origines, au travers de l'époque choisie pour servir de cadre au roman, la monarchie de Juillet, et plus précisément au travers de certains détails ou de certains personnages qui ont été inspirés par sa vie même. Des critiques ont assimilé le Dr Larivière au père de Flaubert ; plusieurs traits d'Elsa Schlesinger et même quelques particularités physiques de Flaubert se retrouvent dans le portrait d'Emma. *Madame Bovary* n'est pas un roman réaliste si on entend par là un roman qui reproduirait le réel. Il produit un « **effet de réel** » qui permet au lecteur d'entrer dans le roman comme en terre familière et, symétriquement, l'univers fictionnel créé livre sans doute des clés pour comprendre le réel. *Madame Bovary* est une œuvre qui est rigoureusement organisée de façon à soutenir sa propre réalité. Tout a un sens et vise une finalité. Un monde est créé, régi par ses propres lois et manœuvré par le romancier.

## III. GENÈSE ET ACCUEIL DE L'ŒUVRE

La légende veut que Flaubert ait trouvé le titre de son roman lors de son voyage en Orient. Dans ses *Souvenirs littéraires*, Du Camp écrit en effet ces mots devenus désormais célèbres :

> Son futur roman l'occupait ; il me disait : « J'en suis obsédé. » Devant les paysages africains il rêvait à des paysages normands. Aux confins de la Nubie inférieure, sur le sommet de Djebel-Aboucir, qui domine la seconde cataracte, pendant que nous regardions le Nil se battre contre les épis de rochers en granit noir, il jeta un cri : « J'ai trouvé ! *Eurêka* ! *Eurêka* ! je l'appellerai Emma Bovary[1] ! ».

Cette trouvaille aurait eu lieu en mars 1850. Cette version au romanesque séduisant a été entretenue par les critiques. Mais il semble qu'en réalité ce ne soit là qu'une invention du facétieux Maxime Du Camp puisque Flaubert trouve en réalité son sujet entre le 9 avril et le 23 juillet 1851. Le 20 septembre 1851, il écrit à George Sand : « J'ai commencé hier au soir mon roman ». Il parle sans doute du début de la rédaction de *Madame Bovary* puisque les brouillons ont déjà commencé. Celle-ci s'étend sur quatre ans et demi, de l'automne 1851 au printemps 1856. Flaubert travaille à Croisset entouré de sa mère et de sa nièce Caroline. Louis Bouilhet, son fidèle ami, lui rend visite le dimanche. Flaubert s'acharne au travail ; sa correspondance abondante, notamment à Louise Colet, témoigne des corrections multiples, de ses hésitations, de son découragement fréquent.

Il remet finalement son manuscrit en avril 1856.

Le roman-feuilleton est en vogue à partir de 1836 puisque la presse quotidienne est peu chère. Les œuvres littéraires paraissent dans les revues par épisodes successifs avant d'être publiées en ouvrage. *Madame Bovary* est d'abord publié dans la *Revue de Paris* des 1er et 15 octobre, 1er et 15 novembre, 1er et 15 décembre 1856. On retranche, dès la première publication, plusieurs passages jugés trop « réalistes ». Flaubert tente de limiter le plus possible les corrections que veut lui imposer Laurent-Pichat, directeur de la *Revue de Paris*. Dans la livraison du 1er décembre, la scène du fiacre est supprimée ainsi que plusieurs autres passages à tel point que Flaubert préfère présenter la dernière livraison comme de simples

---

1. Maxime Du Camp, *Souvenirs littéraires,* (1822-1894), Paris, Hachette, 1962, p. 140.

fragments et non pas comme un ensemble. *Le Nouvelliste de Rouen* en commence la publication le 9 novembre 1856 avant de la suspendre par crainte de la censure.

La première édition originale paraît chez Lévy en 1857 en deux volumes, puis en 1862 en un volume, avant que de nouveaux tirages voient le jour en 1866 puis en 1868. En 1873, Flaubert, brouillé avec Lévy, confie *Madame Bovary* aux soins de l'éditeur Charpentier, qui joint les pièces du procès, réquisitoire et jugement. En 1874 enfin, le roman paraît encore chez Lemerre en deux volumes, mais cette édition comporte des modifications inexplicables. Pour l'étude des variantes d'une édition à l'autre, il est nécessaire de se reporter à *Madame Bovary*, présenté par C. Gothot-Mersch (Voir Bibliographie).

Le texte choisi pour notre étude (*Madame Bovary, Mœurs de province* [1857], Paris, Gallimard, 1972, [Folio classique]) reproduit l'édition de Charpentier, que Flaubert avait présentée comme « définitive ».

Flaubert est cité à comparaître le 29 janvier 1857 pour « offense à la morale publique et à la religion ». Les scènes incriminées sont « la chute avec Rodolphe, la transition religieuse, les amours avec Léon, la scène de la mort ». Mais Flaubert est acquitté en dépit du réquisitoire de Pinard qui avait plaidé également contre *Les Fleurs du mal* de Baudelaire. Mieux encore, ce scandale a contribué au succès de *Madame Bovary*.

Flaubert a toujours refusé les illustrations de son roman ou sa mise en scène, même s'il n'a pu empêcher sa parution sur les scènes des *Variétés* ou du *Palais-Royal*. Des adaptations théâtrales ont suivi comme celle de Gaston Baty (1885-1952) en 1936. Le metteur en scène français propose un décor changeant fait de plateaux coulissants pour son adaptation. L e compositeur français Emmanuel Bondeville (1898-1987) a créé un drame lyrique d'après le roman, présenté à l'Opéra-Comique en 1951.

Trois films, inspirés du roman, voient le jour. Le premier, de Jean Renoir, date de 1933. Il s'agit d'une comédie dramatique produite par Gallimard qui connut un échec ; on lui reprocha une trop grande recherche de « théâtralité ». C'est ensuite Vincente Minnelli, aux États-Unis, qui propose un drame hollywoodien d'après le roman, en 1949. Enfin, le film le plus récent est réalisé par Claude Chabrol en 1990, avec Isabelle Huppert, Christophe Malavoy, Jean-François Balmer, Jean Yanne, Lucas Belvaux, Christiane Minazzoli. C'est une adaptation traditionnelle et sans surprise du roman (Voir le *Dictionnaire mondial des films*, Paris, Larousse, 1997).

# L'ŒUVRE EN EXAMEN

## I. STRUCTURE DE *MADAME BOVARY*

### A. Résumé analytique

L'histoire se déroule sur environ neuf ans (1840-1848), sous la monarchie de Juillet.

Peu de dates sont mentionnées dans le roman ; l'année 1812 apparaît au début et l'histoire s'achève avant 1848 car, à la fin du roman, on fait encore allusion au roi auquel Homais doit envoyer une lettre : « Il adressa même au souverain une pétition où il le suppliait de lui faire justice ; il l'appelait notre bon roi et le comparait à Henri IV » (p. 438).

#### PREMIÈRE PARTIE
#### LIEU : TOSTES. DURÉE : 3 ANS

##### *I. En guise de préambule (p. 23-34)*
*Scène* : Charles au collège. L'épisode grotesque de la casquette.

Rétrospective sur l'ascendance et l'enfance de Charles.

Études de Charles qui devient officier de santé après un échec. Installation à Tostes. Premier mariage de Charles avec Héloïse Dubuc, une veuve de quarante-cinq ans, laide mais fortunée.

##### *II. Première rencontre d'Emma (p. 35-44)*
*Scène* : visite de Charles à la ferme des Bertaux pour soigner le père Rouault qui s'est cassé la jambe. Rencontre entre Charles Bovary et Emma Rouault.

Guérison du père Rouault après quarante-six jours. Jalousie, ruine financière et mort de la première femme de Charles.
*Ellipse*

##### *III. La demande en mariage (p. 45-51)*
*Scène* : le père Rouault vient payer Charles « pour sa jambe remise ».
*Ellipse*

*Scène* : visite de Charles à la ferme des Bertaux.

Charles, au cours d'autres visites, prend conscience de son amour pour Emma.

*Scène* : Charles formule sa demande en mariage au père Rouault, « à l'époque de la Saint-Michel » (p. 50), c'est-à-dire le 29 septembre. La noce aura lieu au printemps suivant, après un an de deuil de Charles.

L'hiver est consacré aux préparatifs ; Mlle Emma s'occupe de son trousseau.

### IV. La noce (p. 52-58)

*Scène* : trois jours de festivité.

### V. Le couple Bovary à Tostes (p. 59-63)

Bonheur parfait de Charles, premières inquiétudes d'Emma.

### VI. L'enfance et l'éducation d'Emma (p. 64-70)

*Analepse\** : les lectures romanesques d'Emma, ses rêves romantiques.

### VII. La désillusion d'Emma (p. 71-78)

Si Charles est comblé par sa jeune épouse, Emma est amèrement déçue par son mariage avec cet homme qu'elle trouve de plus en plus médiocre. Hostilité larvée entre Emma et sa belle-mère. Vers la fin de septembre, un événement vient rompre la monotonie de la vie quotidienne du couple.

### VIII. Le bal au château de la Vaubyessard (p. 79-90)

*Scène* : quadrille puis valse d'Emma avec un cavalier qu'on appelle « vicomte ».

Nuit au château, puis retour à Tostes. Le lendemain, Emma ressasse ses souvenirs du bal.

Regret ineffaçable d'Emma.

### IX. L'ennui d'Emma (p. 91-104)

Ce chapitre prend essentiellement l'allure d'un sommaire seulement interrompu à deux reprises, par :

– un sursaut vite déçu d'une nouvelle festivité, un an après le bal à la Vaubyessard (p. 98) ;

– la visite du père Rouault qui offre une dinde à son gendre en souvenir de sa guérison. Son séjour de trois jours à la fin du mois de février irrite quelque peu Emma (p. 102).

L'ennui grandit dans le cœur d'Emma qui rêve à d'autres villes, comme Paris, à une autre existence. Elle méprise de plus en plus Charles et sa grossièreté. Elle vit dans l'espoir vain d'un nouvel événement. Se laissant aller au découragement, négligeant son ménage, sa santé se dégrade. On lui découvre une maladie nerveuse. Pour la soigner, Charles décide de quitter Tostes, où il est resté quatre ans.

Au mois de mars, le couple quitte Tostes. Emma est enceinte.

## DEUXIÈME PARTIE
### LIEU : YONVILLE-L'ABBAYE. DURÉE : 3 ANS ET 7 MOIS

### I. La découverte de Yonville-l'Abbaye (p. 107-118)

Description de ce bourg situé à une trentaine de kilomètres de Rouen.

*Scène* : attente de l'Hirondelle, la diligence qui transporte les époux Bovary. C'est l'occasion d'esquisser la présentation des principaux habitants de Yonville : Mme veuve Lefrançois, tenancière de l'auberge du Lion d'Or, le truculent[1] pharmacien M. Homais, M. Binet, percepteur, Léon dont on parle dans la conversation, le curé, le coursier Hivert et le marchand M. Lheureux. Les deux derniers arrivent avec les époux Bovary.

### II. La première rencontre Emma-Léon (p. 119-126)

*Scène* : dîner à l'auberge. La conversation s'engage entre Charles, Homais, Emma et Léon, clerc de notaire. Emma et Léon se découvrent des affinités qui instaurent d'emblée une complicité entre eux.

### III. La naissance de Berthe (p. 127-139)

Les débuts sont difficiles pour Charles dont la clientèle se fait attendre. Grossesse d'Emma.

*Scène* : naissance de la fille du couple Bovary. Emma qui désirait un garçon s'évanouit à sa vue.

Recherche d'un prénom pour l'enfant.

*Scène* : baptême de Berthe.

Séjour des parents de Charles à Yonville.

*Scène* : visite à la nourrice. Léon accompagne Emma.

*Ellipse*

### IV. Les soirées à Yonville (p. 140-144)

Le couple Emma-Léon gagne en intimité.

### V. Les tentations d'Emma (p. 145-155)

*Scène* : M. et Mme Bovary, accompagnés de Homais et de Léon, se rendent à une filature près de Yonville. Emma tombe sous le charme de Léon qu'elle compare avantageusement à son piètre mari.

*Scène* : première visite de Lheureux à Emma.

---

1. Truculent : pittoresque, haut en couleur.

*Scène* : visite de Léon. Emma joue l'épouse vertueuse.

Emma ramène Berthe à la maison. Mais le renoncement auquel elle s'efforce est pour elle un sacrifice douloureux, une source de frustrations qui la torturent et la révoltent, d'autant plus que Charles reste complètement aveugle au supplice qu'elle endure, persuadé qu'il est de la rendre heureuse.

*Scène* : conversation d'Emma avec la servante Félicité.

### VI. La lutte désespérée d'Emma (p. 156-171)

*Scène* : dialogue de sourds entre Emma et le curé Bournisien. Emma essaie de parler des souffrances morales qui la tenaillent dans l'espoir d'un réconfort ; Bournisien interprète toujours à tort les paroles de la jeune femme.

*Scène* : geste brutal d'Emma envers Berthe.

Léon s'ennuie à Yonville et rêve de partir pour Paris.

*Scène* : Léon, qui a décidé son départ, vient faire ses adieux à Emma.

*Scène* : discussion à propos du départ de Léon entre Charles, Emma et le pharmacien.

### VII. La rencontre d'Emma et de Rodolphe Boulanger, de la Huchette (p. 172-182)

Mélancolie d'Emma qui dépérit.

*Scène* : la saignée d'un de ses paysans entraîne le châtelain de la Huchette chez les Bovary. Rodolphe Boulanger, coureur de jupons, n'est pas insensible au charme d'Emma et décide de la séduire sans tarder. Les Comices agricoles qui approchent seront l'occasion idéale.

*Ellipse*

### VIII. Les Comices agricoles (à la mi-août) (p. 183-209)

*Scène* : scène de séduction de Rodolphe sur fond de Comices.

*Ellipse* (6 semaines)

### IX. Le premier adultère (p. 210-221)

*Scène* : seconde visite de Rodolphe chez Emma. Rodolphe joue habilement les amoureux passionnés et romantiques. Arrivée de Charles. Rodolphe suggère la promenade à cheval comme remède aux « oppressions d'Emma ». Charles convainc sa femme d'accepter cette proposition.

*Scène* : Promenade à cheval d'Emma en compagnie de Rodolphe. Emma succombe au séducteur.

*Scène* : dîner chez les Bovary.

Emma se délecte de la pensée d'avoir un amant. La correspondance des deux jeunes gens de même que les visites d'Emma au château de Rodolphe deviennent régulières. Le châtelain commence à s'en inquiéter.

### X. Les premiers doutes (p. 222-232)

*Scène* : rencontre impromptue du percepteur Binet et d'Emma qui revient d'une de ses visites matinales chez Rodolphe.

*Scène* : après le dîner, chez le pharmacien, le couple Bovary rencontre encore Binet qui n'épargne pas à Emma ses allusions compromettantes.

Les rendez-vous d'Emma et de Rodolphe ont lieu désormais, et durant tout l'hiver, dans le jardin des Bovary. Rodolphe commence à se lasser des mièvreries d'Emma qui, elle, se rend compte de l'indifférence grandissante de son amant. Six mois se sont écoulés depuis le début de leur liaison lorsqu'Emma reçoit une lettre de son père.

*Scène* : lecture de la lettre de son père qui réveille en elle des souvenirs nostalgiques de son enfance.

Emma est prise de remords et se sent prête à donner une seconde chance à Charles.

### XI. Le pied-bot d'Hippolyte : l'opération de la dernière chance (p. 233-247)

Le pharmacien et Emma persuadent Charles de tenter une opération.

*Scène* : l'opération, l'admiration d'Emma et les compliments de la presse.

*Ellipse* : cinq jours (p. 238)

L'état d'Hippolyte s'aggrave. Sa jambe est gagnée par la gangrène.

*Scène* : visite du docteur Canivet qui décide d'amputer Hippolyte.

Emma se sent bafouée d'avoir pu faire confiance encore une fois à son mari et se détourne définitivement de lui. L'échec de l'opération a balayé la dernière chance de Charles comme les doutes d'Emma qui se jette à nouveau dans les bras de Rodolphe.

### XII. Le mirage de la fuite (p. 248-263)

L'amour d'Emma pour Rodolphe gagne en intensité et perd de sa réserve. Premiers achats à Lheureux, une jambe de bois pour Hippolyte, une cravache d'or pour Rodolphe.

*Scène* : chantage de Lheureux qui réclame son argent. Première indélicatesse d'Emma qui dérobe l'argent qu'un patient devait à son mari.

Emma perd peu à peu de son charme pour Rodolphe blasé qui profite de la naïveté de la jeune femme.

Emma abandonne toute retenue et s'affiche aux yeux du monde avec Rodolphe.

*Scène* : altercation entre Madame Bovary mère et sa bru.

*Scène* : projet de fuite avec Rodolphe.

Emma oublie tous ses tourments en rêvant à leur prochain départ.

*Scène* : achat de bagages chez Lheureux.

*Scène* : dernier rendez-vous des amants, l'avant-veille de la fuite projetée. Rodolphe, épris de liberté, sait qu'il ne partira pas.

### XIII. La lettre de rupture (p. 264-275)

*Scène* : Rodolphe écrit une lettre de rupture destinée à Emma. *Scène* : lecture de la lettre par Emma. Tentation du suicide. Dîner avec Charles qui ne se doute de rien. Quand elle entend passer le tilbury de Rodolphe parti pour Rouen, Emma a une syncope. Visite de l'apothicaire. Emma est atteinte d'une fièvre cérébrale. Vers le milieu d'octobre, elle paraît rétablie.

*Scène* : rechute d'Emma lorsque Charles la mène s'asseoir sur le banc où elle retrouvait Rodolphe.

### XIV. La convalescence d'Emma (p. 276-288)

Soucis d'argent de Charles harcelé par Lheureux qui réclame le paiement des dettes contractées par Emma. Charles se voit contraint de souscrire un billet au marchand et de lui emprunter de l'argent.

Emma se rétablit peu à peu.

*Scène* : l'abbé Bournisien communie Emma. Crise de dévotion d'Emma, prise d'« une indulgence universelle » (p. 281) et charitable.

*Scène* : discussion entre Bournisien, Binet, Charles, Homais. Sur les conseils du pharmacien, Charles décide d'emmener sa femme au spectacle, à Rouen.

### XV. Deuxième rencontre de Léon (p. 289-298)

*Scène* : au théâtre, représentation de *Lucie de Lamermoor*, avec le ténor Lagardy. Rencontre de Léon. Le clerc réussit à faire rester Emma un jour de plus à Rouen prétextant une autre représentation.

## TROISIÈME PARTIE
### LIEU : YONVILLE ET ROUEN EN ALTERNANCE. DURÉE : 2 ANS ET QUELQUES MOIS

### I. Le second adultère (p. 301-318)

Trois ans se sont écoulés depuis que Léon a quitté Yonville. Les occupations du personnage durant cette période ouvrent ce chapitre.

*Scène* : Léon rend visite à Emma à son hôtel à Rouen. Déclaration d'amour. Rendez-vous est pris pour le lendemain à la cathédrale de Rouen.

*Scène* : Emma et Léon se retrouvent dans la cathédrale où le suisse, bien importun, entreprend de leur faire visiter le monument. Emma n'a pas le courage de donner à Léon la lettre qu'elle avait écrite dans l'intention velléitaire de se dégager du rendez-vous.

Léon décide d'emprunter un fiacre avec Emma pour échapper au suisse. C'est là qu'Emma se donne à son second amant.

### II. L'engrenage financier (p. 319-330)

Scène : retour d'Emma à Yonville. Justin, le commis du pharmacien, a pris, pour faire cuire des confitures, une bassine destinée à un usage pharmaceutique dans le « capharnaüm » d'Homais où se trouve entreposé de l'arsenic. Emma apprend la mort de son beau-père. Retour d'Emma chez elle.

Visites successives de Lheureux qui encourage Emma à demander une procuration pour le billet signé par Charles et à lui passer de nouvelles commandes.

Scène : Emma propose de consulter Léon au sujet d'affaires de succession.

### III. L'idylle avec Léon (p. 331-333)

Trois jours exquis à Rouen.

### IV. Les manigances d'Emma (p. 334-337)

Léon rend visite à Emma chez elle à Yonville « vers le commencement de l'hiver » (p. 335). Emma finit par convaincre Charles de la laisser prendre des cours de piano, une fois par semaine à Rouen.

### V. Les libertés de l'adultère (p. 338-356)

À partir de ce moment, son existence ne fut plus qu'un assemblage de mensonges (p. 348).

Les jeudis à Rouen.

Lheureux surprend Emma aux bras de Léon et entend profiter de ce qu'il a découvert.

Scène : Lheureux force Emma à vendre une petite propriété de la famille Bovary et à signer de nouveaux billets.

Scène : dispute entre Emma et Mme Bovary mère, scandalisée par les dépenses de sa belle-fille.

Scène : explosion de joie le jeudi suivant à Rouen.

Scène : un soir, Emma ne rentre pas à Yonville et déclare à Charles, venu la chercher le lendemain matin, que désormais elle sera libre d'aller et venir à Rouen.

### VI. Le désenchantement (p. 357-376)

Scène : visite de Homais à Rouen. Le pharmacien encombrant gêne, à son insu, le rendez-vous hebdomadaire des deux amants. Léon ne parvient à se débarrasser de lui que trop tard. Emma a quitté l'hôtel où elle l'attendait.

Emma ressent les premiers doutes à l'égard de son aventure.

*Scène* : Emma, menacée de saisie, rend visite à Lheureux qui lui fait signer de nouveaux billets.

Emma multiplie les démarches pour trouver de l'argent. Elle réclame de l'argent aux patients de son mari, vend de vieux objets, emprunte inconsidérément à son entourage, dépose au mont-de-piété le cadeau de noces du père Rouault. C'est l'escalade de l'endettement.

Léon, par peur de se compromettre, se détache d'elle. Emma est « aussi dégoûtée de lui qu'il (est) fatigué d'elle » (p. 371).

*Scène* : le bal masqué à Rouen, à la mi-carême.

*Scène* : rentrée chez elle, Emma apprend la saisie et se rend chez Lheureux, qui reste de marbre devant ses supplications.

### VII. Emma est aux abois (p. 377-392)

*Scène* : procès-verbal de l'huissier, le lendemain.

*Scène* : visite infructueuse à Léon pour lui demander de l'argent.

*Scène* : retour dans l'Hirondelle en compagnie de Homais. Épisode de l'Aveugle.

*Scène* : visite au notaire Guillaumin qui lui déclare son amour secret pour elle.

Emma refuse ses avances.

*Scène* : visite à Binet vue par les commères de Yonville.

*Scène* : visite à la mère Rolet.

### VIII. La fin d'Emma (p. 393-413)

*Scène* : visite à Rodolphe qui affirme ne pas disposer de l'argent demandé.

*Scène* : l'empoisonnement ; Emma se fait ouvrir le capharnaüm de Homais par Justin et avale de l'arsenic.

*Scène* : agonie d'Emma devant Charles incompétent et devant les docteurs Canivet et Larivière impuissants. Extrême-onction d'Emma par le curé Bournisien. Mort d'Emma.

### IX. La veillée funèbre (p. 414-423)

*Scène* : la veillée funèbre. Désespoir de Charles. Discussion entre Homais et Bournisien.

### X. L'enterrement (p. 424-430)

*Scène* : arrivée du père Rouault. Enterrement d'Emma.

### XI. Le sort de Charles, épilogue (p. 431-441)

Ruine de Charles, victime de la cupidité sans scrupules des créanciers. Félicité le quitte en volant la garde-robe d'Emma. Léon se marie avec Mlle Léocadie Lebœuf.

*Scène* : Charles découvre la lettre de rupture de Rodolphe, au grenier.

Rupture de Charles et de sa mère. Seule Berthe lui reste.

*Scène* : Charles découvre toutes les lettres de Léon ainsi que le portrait de Rodolphe.

*Scène* : rencontre entre Charles et Rodolphe. Charles a pardonné à Rodolphe.

*Scène* : Berthe découvre son père mort dans le jardin.

Homais, lui, prospère.

## B.   Le schéma quinaire

On peut appliquer à *Madame Bovary*, le schéma quinaire (en cinq étapes) établi par Paul Larivaille *in L'Analyse morphologique du récit* (1974) que rappelle Vincent Jouve (*La Poétique du roman*, Paris, Sedes, 1997, p. 47).

– *1ʳᵉ étape* : elle coïncide avec l'état initial, situé avant la crise et caractérisé par un équilibre relatif. Charles Bovary, jeune médecin de campagne, vit une existence monotone, sans surprise, avec sa première épouse, la « veuve d'un huissier de Dieppe ».

– *2ᵉ étape* : elle est déterminée par l'irruption d'un élément détonateur qui provoque la rupture de l'équilibre initial ; c'est l'arrivée d'Emma Rouault, une provinciale nourrie de rêves et de lectures romantiques, dans la vie de Charles Bovary devenu veuf, suivie du mariage entre les deux personnages.

– *3ᵉ étape* : elle développe la dynamique du récit qui repose sur l'aveuglement de Charles opposé à l'ennui et à la désillusion d'Emma.

– *4ᵉ étape* : elle correspond aux conséquences et à la résolution du déséquilibre ; la ruine des époux Bovary et le suicide d'Emma mettent fin à l'intrigue.

– *5ᵉ étape* : elle détermine l'état final, l'équilibre retrouvé. Elle se caractérise par le retour au point de départ : Charles se retrouve seul.

**Commentaire** : la comparaison entre l'étape initiale et l'étape finale permet de souligner la structure cyclique du roman. Emma Bovary, qui est pourtant l'héroïne éponyme* du roman, est mise entre parenthèses, enfermée entre deux apparitions de Charles seul. Ce paradoxe est lourd de significations implicites :

**Pour Charles** : l'expérience avec Emma Bovary a été totalement vaine. Charles, à la fin du récit, est pareil au début, toujours aussi veule, passif, velléitaire : « Mais bientôt la même lassitude funèbre réapparut sur son visage » (p. 440), souligne le narrateur après un sursaut qui aurait fait espérer une réaction du personnage envers Rodolphe.

**Pour Emma** : sa vie n'aura été qu'agitation stérile dans un monde qui l'a étouffée. Son échec est complet puisque la seule issue possible qui lui reste est la mort.

**Pour la société** : si Charles et Emma ont échoué, se heurtant à un monde pour lequel ils sont inadaptés, il y a un personnage qui, au contraire, tire habilement son épingle du jeu et affiche une réussite reconnue, c'est Homais qui « vient de recevoir la croix d'honneur » et qui a ainsi le privilège du mot de la fin. La satire sociale est à l'œuvre : avec Homais, c'est la victoire des valeurs qu'il incarne qui est prononcée, c'est-à-dire les valeurs bourgeoises dont Flaubert souligne la bêtise.

## C.  Le principe de la répétition

### 1.  UN MONDE BINAIRE

Tout événement a son double qui l'annule : Charles a deux épouses, Emma a deux amants. La similitude des deux aventures est d'ailleurs souli-gnée : les amants se retrouvent par exemple sur le même banc dans le jardin. Mieux encore, comme pour accentuer une déchéance, des événe-ments trouvent dans le roman un double dégradé ; la symétrie des avatars joue évidemment en faveur du symbolisme. **L'adultère est une version pervertie du mariage** : « elle retrouvait dans l'adultère toutes les platitudes du mariage » (p. 371). Au bal de la Vaubyessard répond un bal masqué, au cortège nuptial, un cortège funèbre ; Léon se marie avec une certaine Mlle Lebœuf qui paraît une dévalorisation du nom plus raffiné « bovary ».

### 2.  UN RÉSEAU STRUCTUREL

Des indices proleptiques[1]* jalonnent le roman et assurent la cohésion de l'ensemble comme la progression tragique du roman.

Félicité vole du sucre dans la maison des Bovary, comportement annonciateur du vol de la garde-robe d'Emma après sa mort.

La route qui mène Charles aux Bertaux est parsemée de signes de mauvais augure. Son cheval s'arrête devant « ces trous entourés d'épines

---

1. Voir Prolepse*.

que l'on creuse au bord des sillons » (p. 36) et plus loin, la parataxe* permet le rapprochement de deux phrases comme si un lien de cause à effet les reliait : « Les ornières devinrent plus profondes. On approchait des Bertaux » (p. 37). Le danger est imminent pour Charles. Enfin, « quand il entra dans les Bertaux, son cheval eut peur et fit un grand écart » (p. 37). Aucune explication n'est donnée de ce mouvement du cheval comme pour encourager la valeur symbolique et prophétique du fait.

L'attente du lecteur est sans cesse ménagée : Lheureux, par exemple, tisse progressivement sa toile autour d'Emma ; Justin, qui joue un rôle décisif dans le suicide d'Emma, se révèle peu à peu, après la découverte fortuite de l'arsenic par l'héroïne.

### 3. UNE PROGRESSION TRAGIQUE

Les scènes sont les temps forts du roman et inaugurent des bouleversements : le bal à la Vaubyessard amorce la désillusion d'Emma ; la scène des Comices marque le début du premier adultère qui sonne comme un cataclysme : « Rien autour d'eux n'avait changé ; et pour elle, cependant, quelque chose était survenu de plus considérable que si les montagnes se fussent déplacées » (p. 218).

## II. APPROCHE THÉMATIQUE

## A. Les personnages

### 1. LE NOM

**Le nom participe à l'effet de réel**, conférant une épaisseur réaliste aux personnages. Le nom que l'on donne à un nouveau-né est le premier acte d'insertion sociale. Symboliquement, la maladresse constitutive de Charles et son décalage permanent par rapport à la société sont ainsi tout entiers contenus dans « ce nom inintelligible » qu'il profère au collège (p. 25), ce « bredouillement de syllabes » (p. 25). Les variations de dénominations d'un personnage à l'autre sont significatives. Certains ont à la fois un prénom et un nom (Emma Rouault puis Bovary, Charles, Rodolphe Le Boulanger, Léon Dupuis), d'autres n'ont qu'un prénom (Justin, Félicité), d'autres encore ne sont appelés que par leur nom de famille (Homais, Lheureux, Binet), d'autres enfin ne sont désignés que par un nom commun (l'Aveugle). Certains personnages sont dénommés d'une manière variable au cours du roman, tantôt par le prénom, comme gage d'une intimité plus grande, tantôt par leur nom de famille, quand on insiste sur leur dimension sociale, tantôt par leur profession. Ces variations dépendent des circonstances et du point de vue adopté. Charles Bovary, par exemple, apparaît d'abord au lecteur sous l'appellation métonymique* occasionnelle du « nouveau » (p. 23) qui paraît lui donner d'emblée le statut du candide de l'histoire. De fait, il conserve tout au long du roman cette naïveté et cette lourdeur qui le caractérisent dès le début du récit.

Outre leur valeur réaliste, **les noms propres peuvent être lus comme le reflet des personnages.** Non arbitraires, ils sont porteurs de sens, si bien que le nom propre fonctionne comme amorce du portrait du personnage. Ainsi, « Bovary » peut se lire comme un vague dérivé du mot « bœuf » qu'on retrouve de manière plus explicite dans l'épouse de Léon, Mlle Lebœuf, ou encore, sous la forme de son homologue féminin, dans le nom du maire de Yonville, Tuvache. « Homais » est peut-être une dégradation du mot « homme » ou « homo » puisque le personnage affectionne les termes latins. Le nom propre fonctionne parfois par antiphrase : « Félicité » n'est pas heureuse chez les Bovary, « Lheureux » assoit un bonheur tout relatif et fort discutable sur la ruine financière des autres. Les sonorités jouent aussi sur une équivalence entre nom et personnage, parfois de manière simpliste comme pour « Hippolyte », qui, par la récurrence symétrique du même phonème vocalique, paraît claudiquer comme le personnage. Ce garçon d'écurie porte par ailleurs un nom de circonstance par le radical grec *hippos* qu'il paraît contenir. La répétition phonique est encore redoublée par le nom de famille du personnage, « Tautain », cité une seule fois (p. 237). Cette portée symbolique des noms réintroduit chaque personnage dans l'univers fictionnel, construit par le narrateur.

**Le statut social des personnages est sans cesse réitéré tout au long du roman**, soit comme substitut métonymique* du nom propre, soit comme complément récurrent qui accompagne le nom propre. Un rôle est clairement assigné à chacun, comme une caractéristique permanente qui permet de brosser des types, forcément simplifiés voire caricaturaux. Certains incarnent une profession : Binet, le percepteur, Homais, le pharmacien ou l'apothicaire, le curé Bournisien, Lheureux, marchand d'étoffes (p. 118) ou marchand de nouveautés (p. 147) qui représente le commerçant cupide et machiavélique. Une hiérarchie familiale est reconstruite : Rouault incarne la figure du père ; il est toujours désigné sous le nom du « père Rouault » et on ne connaît son prénom, Théodore, que lors de sa seconde apparition, dans la lettre qu'il adresse à sa fille. L'expression « la veuve Dubuc » glisse vers le péjoratif.

## 2. PORTRAIT PHYSIQUE, PSYCHOLOGIQUE, BIOGRAPHIQUE

La profondeur psychologique est garante d'une complicité potentielle avec le lecteur, susceptible de s'identifier aux personnages. On ne s'identifie pas ou plus difficilement à un personnage de surface. Quelle que soit l'importance narrative du personnage, **l'accent est mis sur la cohérence d'un caractère.** Le personnage se construit au fil des notations physiques ou morales.

Certains n'ont qu'un rôle de figurants. Leur simple mention crée une atmosphère et contribue à la couleur locale, la couleur normande du roman : le maître d'école, le garde champêtre, le perruquier, le conseiller municipal, Lieuvain, Catherine Leroux, les paysans qu'Emma aperçoit à travers les vitres du château de la Vaubyessard et qui sont présents aux Comices ; et plus près des personnages, Virginie, la maîtresse de Rodolphe, Artémise, la servante négligée de l'auberge du Lion d'Or, Hivert, le coursier du pays, le père Tellier, concurrent de Mme Lefrançois. D'autres n'ont qu'un rôle accessoire et ne font que passer dans la vie des personnages et dans le roman. C'est le cas de la veuve Dubuc, dont le portrait est caricatural et monobloc. Héloïse Dubuc a tout pour déplaire : elle est maigre, elle a les dents longues, ses vêtements sont démodés (p. 43). Le point de vue des autres personnages qui se porte sur elle est toujours négatif comme celui du père de Charles qui la traite de « haridelle [...] dont les harnais ne valaient pas la peau » (p. 43).

Il n'y pas de portrait en pied qui serait fait par le narrateur omniscient. Mais, au contraire, **le portrait des personnages se construit sous le regard des autres, par touches successives.** Le lecteur est confronté à un puzzle à reconstituer. Ce procédé est utilisé même pour les personnages secondaires comme Hippolyte dont il est dit d'abord qu'il « boitait de la jambe gauche » (p. 125) puis qu'il boite « de son pied-bot » (p. 193). Un faisceau de points de vue est dirigé sur un personnage auquel s'ajoutent les indices que distribue le narrateur notamment par le biais des comparaisons associées à chacun, qu'elles soient implicites ou bien ponctuelles et explicitées par les outils de la comparaison. L'homologie entre le personnage et un objet ou un animal qui lui est familier prête parfois à sourire comme pour le suisse de la cathédrale de Rouen qui est « reluisant comme un saint ciboire » (p. 311), pour le docteur Larivière qui a un « regard plus tranchant que ses bistouris » (p. 406), ou encore pour le père Rouault dont Emma poursuit « la pensée douce qui caquetait tout au travers [de sa lettre] comme une poule à demi cachée dans une haie d'épines » (p. 230).

### HOMAIS : L'ARRIVISTE INVÉTÉRÉ

Il n'est vu que de l'extérieur. Aucun psycho-récit[1] ne lui est en effet attribué. La première fois qu'il apparaît dans le roman, c'est sous la forme d'une ombre entre des bocaux rouges et verts (p. 110), comme deux « feux du Bengale ». Tout au long du roman, il sera toujours l'ombre de quelqu'un qu'il considère comme supérieur et dont il veut s'attirer les grâces. Sa première apparition est introduite par le présentatif solennel « c'était » qui vient clore la description. Ce procédé d'attente du sujet descriptif est encore utilisé deux fois dans le roman, pour la maison du notaire et pour l'arrivée du docteur Larivière (p. 406), comme pour souligner l'importance sociale de ces trois figures. Une phrase résume son portrait psychologique : il est « guidé par l'amour du progrès et la haine des prêtres » (p. 435).

**Un arriviste foncier** : il ne s'embarrasse pas de considérations éthiques. Son comportement est par deux fois méprisable, quand il ne prend pas la défense de Charles contre les critiques du docteur Canivet (« il sacrifia sa dignité aux intérêts plus sérieux de son négoce » [p. 242]), quand il fait incarcérer l'Aveugle à force de calomnies.

**Un anti-clérical** : il se définit comme déiste à l'image de Voltaire, comme un philosophe (p. 416). Sa présentation se fait sous forme d'un débat avec l'abbé Bournisien.

**Le héraut[2] du progrès** : il ne jure que par les lois de la physique (p. 113, 382).

Un parallèle implicite et révélateur entre Homais et sa pharmacie complète le portrait du personnage. La devanture pompeuse de sa boutique (p. 110) est à l'image du personnage imbu de lui-même, pédant et bavard. Une comparaison ponctuelle souligne, sur le mode comique, cette homologie entre l'homme et son lieu de travail : « la tête plus remplie de recettes que sa pharmacie ne l'était de bocaux » (p. 141) ; une autre fonctionne comme emblème de « l'homme de société » qui tire profit des grilles sociales qui l'embrigadent : « il avait l'air aussi calme dans la vie que le chardonneret suspendu au-dessus de sa tête, dans une cage d'osier » (p. 112). Il est un polyglotte ridicule qui se débat dans son capharnaüm (p. 409).

---

1. Le psycho-récit est une plongée dans la vie intérieure d'un personnage opérée par un narrateur omniscient.
2. Dans l'Antiquité et au Moyen Âge, le héraut était un officier chargé de faire des publications solennelles, de transmettre des messages importants. Employé au sens figuré, il désigne celui qui annonce la venue de quelque chose, comme un précurseur d'un mouvement littéraire ou culturel, ou bien qui le célèbre comme un représentant de ce mouvement.

### L'HEUREUX : LE COMMERÇANT CUPIDE

Il est gros, imberbe ; il a les cheveux blancs et de petits yeux noirs. Machiavélique, il incarne la tentation diabolique qui perd Emma. **Sa parole est biaisée** : il parle par insinuations (p. 149). Son discours est sinueux comme son personnage même que Mme Lefrançois qualifie d'enjôleur, de « rampant » (p. 187). Il a la faconde du commerçant.

### RODOLPHE : LE ROUÉ SANS SCRUPULES

Il a trente-quatre ans, les cheveux noirs, le teint hâlé ; il porte la moustache. C'est un beau parleur. Sa prestance fait de lui le séducteur par excellence qui se double d'un calculateur brutal et cynique. **Sa parole est duplice** : dès la première apparition, il s'adresse en apparence à Charles tout en regardant Emma ; plus loin, il écrit et commente simultanément sa lettre d'adieu adressée à Emma reproduisant son attitude lors de la scène des Comices, fondée sur l'étagement de deux situations.

### LÉON : LE PÂLE ÉTUDIANT

C'est un jeune homme d'une vingtaine d'années, au physique transparent (cheveux blonds, yeux bleus). Une certaine féminité le caractérise dans tout ce qu'elle peut avoir de négatif pour Emma (p. 361) : « il devenait sa maîtresse plutôt qu'elle n'était la sienne » (p. 356). Avec Charles et Emma, il est le seul personnage qui change physiquement au cours du roman. À son retour à Yonville, il est « grandi et minci » (p. 334).

### CHARLES : LE NAÏF DE L'HISTOIRE

Peu d'indices sur le physique du personnage sont donnés. Il est jugé « un peu gringalet » par le père d'Emma (p. 49) puis grossit, s'empâte au cours du roman (p. 97). Sa casquette paraît en être comme un équivalent et fonctionne comme un indice inaugural du fétichisme du personnage. Lors de sa première rencontre avec Emma, il cherche sa cravache, puis il est sensible à tous les petits objets de la parure de sa femme, les petits sabots de Mlle Emma (p. 41), son chapeau de paille (p. 61), son peigne, ses bagues, son fichu (p. 62).

Le roman s'ouvre cependant sur un portrait du jeune Charles qui suit, symboliquement, un mouvement de haut en bas pour se clore sur ses souliers. Les renseignements biographiques ne sont donnés que pour Charles et Emma. Pour les deux personnages principaux, l'accent est mis sur le déterminisme de l'éducation. Le couple formé par les parents de Charles est peu reluisant : son père est un ancien aide-chirurgien-major, dépensier et paresseux. Sa mère est autoritaire et possessive ; elle vit par procuration à travers son fils qu'elle couve et dirige, aigrie par les frasques de son mari « à la façon du vin éventé qui se tourne en vinaigre » (p. 27). Son éducation a fait de lui **un enfant gâté, un élève laborieux, lourdaud, peu intelligent** : « il avait beau écouter, il ne saisissait pas » (p. 31). Des truismes* suffisent à caractériser ses actions comme pour les annuler : « il jouait aux récréations, travaillait à l'étude, écoutant en classe, dormant bien au dortoir, mangeant bien au réfectoire » (p. 30). C'est **un médiocre** au sens étymologique — il se situe au « milieu de la classe » (p. 30) — et au sens péjoratif.

Le grotesque du personnage suscite la compassion du narrateur lorsqu'il est au collège — c'est un pauvre garçon, un « pauvre diable » (p. 25) — et le mépris d'Emma plus tard. Ses actions sont mécaniques et dépourvues de toute réflexion : « il mangeait le reste du miroton, épluchait son fromage, croquait une pomme, vidait sa carafe, puis s'allait mettre au lit, se couchait sur le dos et ronflait » (p. 73). Il se caractérise par des actions négatives dont le parangon ou le modèle fondateur pourrait être cette non-demande en mariage d'Emma relayée par le père Rouault et qui se trouve comme rejouée en permanence par l'absence d'initiative et de décision du personnage. Médecin lui-même, il se révèle totalement incompétent, en particulier, dans la scène finale et symétrique de l'agonie d'Emma.

Comme le docteur Canivet qui, après la mort de Charles, « l'ouvrit et ne trouva rien » (p. 440), le narrateur associe des images du vide au personnage. Son imagination est « comme un tonneau vide emporté à la mer et qui roule sur les flots » (p. 245). Des comparaisons triviales le ramènent au monde matériel : « il s'en allait ruminant son bonheur, comme ceux qui mâchent encore, après dîner, le goût des truffes qu'ils digèrent » (p. 62) ou encore « il connaissait l'existence humaine tout du long, et il s'y attablait sur les deux coudes avec sérénité » (p. 129-130).

### EMMA : L'INCORRIGIBLE RÊVEUSE

Physiquement, elle répond aux canons romantiques : elle a les cheveux noirs, les yeux bruns. Elle fait l'unanimité parmi les personnages masculins et elle est encore embellie par l'adultère. Son ascendance résume **l'antinomie ou la contradiction du personnage**. Sa mère est morte deux ans avant le début de l'histoire. Son père « est un gros petit homme d'une cinquantaine d'années » aux yeux bleus (p. 38) quand Charles le voit pour la première fois. Il est un « cultivateur aisé », formule qui résume la double appartenance d'Emma : son origine paysanne qu'elle renie, son aspiration à la richesse, au luxe, à une vie idéale. Les images qui lui sont associées dénotent son évasion impossible d'un monde imposé. Elle est « comme la plupart des gens issus de campagnards qui gardent toujours à l'âme quelque chose de la callosité des mains paternelles » (p. 102). Le motif de l'oiseau est récurrent : sa main est une « tourterelle captive qui veut reprendre sa volée » sous l'emprise de Rodolphe (p. 203), elle « disparut comme un oiseau » (p. 309) prenant congé de Léon, enfin « elle aurait voulu, s'échappant comme un oiseau, aller se rajeunir quelque part, bien loin, dans les espaces immaculés » (p. 372-373) pour fuir l'étau financier qui se resserre autour d'elle. **Elle illustre tous les clichés romantiques que Flaubert parodie** et, en même temps, elle est une victime du prosaïsme et de la médiocrité généralisée qui l'entourent.

### 3.  LEURS ACTES DANS LE ROMAN

Ils peuvent être étudiés sur le plan narratologique — on parle de rôle actanciel* — et sur le plan symbolique. Le programme narratif d'une œuvre romanesque peut se résumer en la quête d'un objet : **Emma veut faire coïncider sa vie et ses rêves.** *Madame Bovary* présente cette particularité qu'il n'y a que des opposants ou de faux adjuvants* qui leurrent l'héroïne, consciemment ou non. Les trois hommes qui traversent l'existence d'Emma ou dont elle traverse le chemin fonctionnent tous comme de faux adjuvants*. Seule la durée de la désillusion varie, autrement dit le temps qui s'écoule entre l'espoir rêveur et la prise de conscience désabusée : l'intervalle est très court pour Charles puisque dès le chapitre V de la première partie l'ennui d'Emma commence, alors que les deux aventures extraconjugales de l'héroïne connaissent des rebondissements.

Sur le plan narratologique encore, on peut se demander si une hiérarchie est établie entre les personnages. Y a-t-il des « héros » dans *Madame Bovary* ? Cette notion de « héros » doit être envisagée avec ses deux acceptions*, au sens de personnage exceptionnel et au sens de personnage de premier plan. *Madame Bovary* ne présente aucun personnage héroïque, dans le premier sens du terme ; Léon est « incapable d'héroïsme » (p. 361), au grand regret d'Emma. Tous sont au contraire des anti-héros, êtres banals et médiocres, dont la vie est monotone et sans éclats. Au sens narratif du terme, certains personnages sont-ils placés au premier plan ? Charles occupe un lieu stratégique traditionnel du roman, l'*incipit*, mais il est tourné en ridicule et cède la place à Homais, à cet autre moment clé d'un roman, la clausule. Il serait intéressant d'analyser les fins de chapitres mêmes. Dans la première partie, seuls les deux premiers chapitres sont axés sur Charles :

I. Il commence sur le « nous » collectif et indéterminé incluant le narrateur et se termine sur une phrase attribuée à la première femme de Charles.

II. Il se termine sur la mort de cette première femme vue par Charles : « Elle l'avait aimé, après tout ».

Ensuite tous les chapitres sont focalisés sur Emma Bovary. Ils se terminent sur des hiatus successifs entre rêve et réel qui entraînent autant de désillusions d'Emma.

III. L'entrée en scène d'Emma Bovary est marquée par cette fin de chapitre qui signale l'incompréhension entre le père Rouault et sa fille : « Emma eût, au contraire, désiré se marier à minuit, aux flambeaux ; mais le père Rouault ne comprit rien à cette idée » (p. 51).

IV. Il se referme sur l'arrivée des époux Bovary à Tostes et la première rencontre entre la bonne et Emma, « Madame » (p. 58).

V. La désillusion d'Emma clôt le chapitre : « Et Emma cherchait à savoir ce que l'on entendait au juste dans la vie par les mots de *félicité*, de *passion* et d'*ivresse*, qui lui avaient paru si beaux dans les livres » (p. 63).

VI et VIII. Ils adoptent la même tonalité que le chapitre V : « et elle ne pouvait s'imaginer à présent que ce calme où elle vivait fût le bonheur qu'elle avait rêvé » (p. 70) ; « mais le regret lui resta » (p. 90).

Cette partie se termine sur une phrase qui affecte une apparente neutralité mais qui laisse attendre, en réalité, par analogie avec les chapitres précédents, une nouvelle désillusion : « Quand on partit de Tostes, au mois de mars, Mme Bovary était enceinte » (p. 104).

Après la mort d'Emma Bovary (troisième partie, VIII), les fins de chapitres sont attribuées à des personnages secondaires, le père Rouault, Justin, Homais, comme si la vie continuait après la mort de l'héroïne, dérisoire.

Le narrateur opère un lissage des personnages qui, finalement, **se noient tous dans la même monotonie quotidienne et humaine**.

Plus les personnages sont simplifiés, réduits à une caractéristique, plus leur valeur symbolique est évidente. Elle peut être limitée à la fiction, comme celle d'Hippolyte, « reproche personnifié de [l'] incurable ineptie » (p. 326) de Charles. Elle peut prendre une nouvelle dimension dans cette fable humaine qu'est aussi *Madame Bovary* :

### JUSTIN : L'AMOUR CANDIDE

Élève en pharmacie, arrière-cousin de M. Homais.

Ses yeux sont comparés à des « fleurs bleues dans du lait » (p. 178), pour souligner sa candeur. D'ailleurs, le bocal qui contient de l'arsenic et qu'il permet à Emma de prendre est aussi de couleur bleue, comme par une ultime et cruelle dérision.

### LESTIBOUDOIS : UNE FIGURE DE LA MORT

Il est le fossoyeur et le bedeau de l'église, « tirant ainsi des cadavres un double bénéfice » (p. 111). Il sépare symboliquement le couple formé par Rodolphe et Emma, lors de leur promenade.

### BINET ET SON TOUR : LE REMORDS

Maigre, redingote bleue, front dégarni, barbe blonde, petits yeux et nez busqué (p. 114). C'est un ancien carabinier devenu percepteur et capitaine des pompiers d'Yonville. Il est froid et insensible. Il est dépourvu de toute commisération ou compassion à l'égard d'Hippolyte (p. 239), et il reste de marbre devant les supplications d'Emma ruinée. Le tour dont il se sert à longueur de journée pour confectionner des ronds de serviette est son reflet symbolique, image du remords qui tenaille sans relâche. C'est lui qui surprend Emma lors d'une de ses escapades à la Huchette et on le compare alors à un de « ces diables à boudin qui se dressent du fond des boîtes » (p. 222). Son rôle diabolique perd son caractère dérisoire quand Emma est tentée par le suicide après avoir lu la lettre de rupture de Rodolphe : le ronflement monotone du tour paraît insidieusement encourager Emma au suicide comme « une voix furieuse qui l'appelait » (p. 270).

### L'AVEUGLE : LE DESTIN

Le personnage de l'Aveugle acquiert une dimension éminemment symbolique puisqu'il n'est désigné que par son infirmité physique. Il connaît quatre apparitions : p. 344 *sq*, 382, 412. À la fin, on n'entend plus que sa voix ; on ne le voit pas comme si les personnages étaient eux-mêmes devenus aveugles (p. 434).

### 4.  LES PERSONNAGES EN RÉSEAU

D'un personnage à l'autre, des éléments se retrouvent comme pour établir des réseaux de ressemblances ou de différences qui sont autant de motifs d'uniformisation entre les personnages et de signaux pour le lecteur.

La couleur verte, par exemple, est associée aux hommes qui gravitent autour d'Emma : Charles collégien est affublé d'un habit-veste de drap vert (p. 23), Rodolphe porte une redingote de velours vert (p. 177), Léon est vêtu d'un habit vert (p. 310), l'envoyé de Vinçart a endossé une redingote verte (p. 364), Emma elle-même, quand elle se promène au bras de Rodolphe, arbore un chapeau vert (p. 187). Mais le narrateur a soin de préciser que dans le cœur de Rodolphe, « rien de vert » ne pousse (p. 265), comme sur une terre dévastée. **Cette couleur verte peut être interprétée comme symbole de l'idéal dégradé.** La couleur affecte aussi les objets, la peinture du bureau de Charles (p. 39), le carton vert de Lheureux (p. 147), la soie du porte-cigares (p. 89), et même les pantoufles de M. Homais (p. 112) ! On retrouvera cette teinte dans cette pièce de velours vert que Charles tient à placer dans le cercueil d'Emma (p. 416) et même dans les gales qui défigurent l'Aveugle. Quand le paysage se colore ainsi, c'est sur le mode métaphorique qui attire l'attention du lecteur et oriente vers l'interprétation symbolique. Charles se dirige vers la ferme des Bertaux et sent la « verte odeur de la rosée » (p. 36) ; la campagne autour de Yonville est comparée à « un grand manteau déplié qui a un collet de velours vert, bordé d'un galon d'argent » (p. 107) ; un « jour vert » éclaire le décor lorsqu'Emma s'ennuie avant le bal à la Vaubyessard (p. 77) ; de « grosses pierres vertes, espacées dans la boue » (p. 138) parsèment le chemin du retour avec Léon.

Le motif des ongles participe du même symbolisme. Les ongles de Charles sont sales ; Emma au contraire soigne les siens : ses ongles blancs sont remarqués par son futur mari (p. 174) ; elle achète des citrons pour les faire blanchir (p. 249). Mais quand elle se casse les ongles, c'est le signal de la fin d'un rêve (p. 397). Léon accorde un soin particulier à ses ongles et les porte plus longs que ne le veut l'usage à Yonville (p. 136).

Le cheval enfin intervient à titre de comparant pour plusieurs personnages. Charles est associé à un cheval de manège pour signifier sa bêtise et son aveuglement : « Il accomplissait sa petite tâche quotidienne à la manière du cheval de manège, qui tourne en place les yeux bandés, ignorant de la besogne qu'il broie » (p. 31). Le cheval noir du Vicomte est le symbole de l'idéal alors qu'Emma est rapprochée d'un cheval rétif.

## B. La société

### 1. LES FEMMES

Elles ont un rôle social limité dans le roman. Aucune n'a de responsabilité économique, sauf Mme Lefrançois qui gère son auberge mais qui reste proche du rôle de femme d'intérieur dévolu à la gent féminine sous la monarchie de Juillet. La couture, la broderie, le dessin sont les principales activités d'Emma. La nourrice, Mme Rolet, est une figure dégradée de la mère ; Catherine Leroux est récompensée pour un « demi-siècle de servitude » (p. 205). Les femmes attendent du mariage une reconnaissance personnelle, une place dans la société. Toutes celles qui se marient dans le roman sont déçues. **Pour les hommes, le mariage est une affaire d'argent**. Le père de Charles se laisse séduire par la dot de la « fille d'un marchand bonnetier » (p. 26) ; Charles reproduit le modèle paternel en épousant le bon parti que paraît être la veuve Dubuc. Le père Rouault pense à ses intérêts financiers avant de consentir au mariage de sa fille. De cette condition féminine s'ensuit la déconsidération du sexe féminin : Emma souhaite avoir un fils et elle cultive une allure masculine par certains détails, comme un signe de son vain désir d'émancipation : « elle portait, comme un homme, passé entre deux boutons de son corsage, un lorgnon d'écaille » (p. 40), elle avait « la taille serrée dans un gilet, à la façon d'un homme » (p. 254).

## 2.  LA BOURGEOISIE

Maxime Du Camp témoigne de **l'aversion que vouait Flaubert à la bourgeoisie** : « Lorsque l'on ne partageait pas son enthousiasme, il avait vite fait de vous traiter de bourgeois, ce qui était sa plus grosse injure[1] ». Dans le roman, le portrait grinçant d'Homais est le condensé des caractéristiques bourgeoises. Ce qui est surtout illustré dans le roman, c'est le conflit entre Emma et le monde bourgeois, matériel et trivial, qui bride l'imagination, la fantaisie. Le pouvoir de l'argent est illustré par la spirale financière où est entraînée Emma. De là l'ambiguïté de Flaubert par rapport à son héroïne, caricature des rêves romantiques mais aussi victime de la société où elle vit.

## 3.  MÉDECINS ET CURÉS

Les médecins sont aussi parodiés par le biais du docteur Canivet, la cinquantaine, corpulent et cynique. Il s'occupe d'abord de sa jument avant de visiter ses malades et compare allègrement un acte chirurgical sur un chrétien à la découpe d'une volaille (p. 244). Il est ridiculisé à la fin du roman par son confrère, le docteur Larivière.

La satire anti-cléricale de Flaubert passe par les figures de curés qui jalonnent le roman, à commencer par celui qui a fait l'éducation en dilettante de Charles et bien sûr par le personnage de l'abbé Bournisien, balourd et hermétique aux souffrances d'Emma. Une métonymie* dévalorisante le désigne sans que l'on sache si elle est à imputer à Emma ou au narrateur : « le vieillard à soutane » (p. 161).

---

1. Maxime Du Camp, *Souvenirs littéraires,* (1822-1894), Paris, Hachette, 1962, p. 24.

## C. Le « bovarysme »

Jules de Gaultier a consacré tout un ouvrage[1] à cette notion qui trouve son point de départ dans Emma Bovary mais le « bovarysme » devient en fait, dans cet ouvrage, **une loi psychologique qui règle le comportement humain**. Il concerne d'autres personnages de fiction, Homais ou Frédéric de *L'Éducation sentimentale*, mais aussi l'Humanité en général. Le « bovarysme » est défini comme « le pouvoir départi à l'homme de se concevoir autre qu'il n'est » (p. 13) alors que « l'homme est impuissant à réaliser cette conception différente » (p. 217). Tout le drame humain vient de cette incapacité à égaler les modèles visés. Homais ne demeure que l'ombre des personnages qui le dépassent : il est une variation comique du bovarysme. Emma en est la version tragique. Son échec repose sur **ce malentendu qui consiste à vouloir asservir le réel à l'imaginaire. Le « bovarysme » pourrait se réduire métaphoriquement à une obsession de la fenêtre**, comme symbole du partage entre un monde du dedans, confiné et réel, et un monde du dehors, infini et imaginaire. L'erreur d'Emma est de croire que la transparence de la vitre autorise la fusion idyllique des deux univers. Dans le roman, Emma est souvent associée au motif de la fenêtre. Elle se situe dans un entre-deux permanent, source de frustrations, « entre la fenêtre et le foyer » (p. 47), « entre la fenêtre et la table d'ouvrage » (p. 162). Elle s'accoude fréquemment à la fenêtre :

> Elle s'y mettait souvent : la fenêtre, en province, remplace
> les théâtres et la promenade (p. 177).

C'est par là qu'elle voit partir Charles, alors qu'elle est jeune mariée (p. 61), et qu'elle voit cette fois arriver Rodolphe (p. 177), comme première apparition concrète du rêve dans sa vie. Les tentations de l'idéal sont symbolisées par les abeilles qui viennent buter contre les carreaux de la chambre d'Emma enfant, « comme des balles d'or rebondissantes » (p. 231) avant de flotter dans « un jour blanchâtre » (p. 126) entrevu par les fenêtres sans rideaux de Yonville. Au contraire, les voilages qui obscurcissent les vitres sont un signe de fermeture, comme une tentative d'Emma d'embrigader l'idéal dans la vie réelle et quotidienne. De « petits rideaux de mousseline » (p. 210), des « rideaux jaunes » (p. 221), filtrent la lumière qui éclaire le couple formé par Emma et Rodolphe, tandis que les volets restent fermés et les portes closes à l'Hôtel de Boulogne où se retrouvent Emma et Léon (p. 331). Mais l'idéal ne supporte pas le confinement entre les bornes étroites du réel et la fenêtre a tôt fait de se dégrader en mansarde de grenier

---

1. Jules de Gaultier, *Le Bovarysme*, Paris, Mercure de France, 1902.

(p. 269) ou en « fenêtre à guillotine » (p. 307) qui ne laisse voir qu'un décor hostile de ciel noir et de toits pointus, comme avertissement de l'idéal récalcitrant aux ambitions humaines. Si nombre de lecteurs contemporains de Flaubert se sont reconnus dans l'œuvre et si les lecteurs actuels continuent sans doute à comprendre Emma Bovary sinon à s'identifier à elle, c'est que l'héroïne est finalement bien humaine. Dans la correspondance, la même image revient à plusieurs reprises sous la plume de Flaubert, pour signifier ce rêve d'absolu idyllique ou utopique, mais quoi qu'il en soit humain et paradoxal puisqu'il est aussi nécessaire qu'irréalisable :

> C'est un homme sage, celui-là (Phidias), et qui ne demande pas à la vie plus de joies qu'elle n'en comporte et qui ne va [pas] chercher le parfum des orangers sous les pommiers à cidre. (À Louise Colet, 2 septembre 1846).

> Soyons persuadés que le Bonheur est un mythe inventé par le Diable pour nous désespérer [...] Je ne te blâme que de cela, toi, pauvre chère Muse, de demander des oranges aux pommiers. (À Louise Colet, 18 décembre 1853).

L'Homme ne peut s'approcher de l'idéal que dans un mouvement asymptotique, visant indéfiniment à l'atteindre sans jamais y parvenir, mais c'est cet élan qui le constitue en tant qu'homme.

## III.  APPROCHE NARRATOLOGIQUE

### A.    Qui parle ?

Répondre à cette question exige d'identifier la voix ou l'instance narrative. Auteur, narrateur et personnage sont à distinguer. Ce n'est que dans des cas spécifiques que les trois peuvent être confondus, par exemple dans le récit autobiographique :
– l'auteur : personne réelle
– le narrateur : instance fictive
– les personnages : fictifs, mis en scène par le narrateur

*Madame Bovary* **est un récit hétérodiégétique**[1] si on exclut les occurrences de « nous » au début du roman : « Nous étions à l'Étude, quand le Proviseur entra, suivi d'un *nouveau* habillé en bourgeois et d'un garçon de classe qui portait un grand pupitre » (p. 23), « Nous avions l'habitude, en

---

1. Narration hétérodiégétique/homodiégétique. Selon la terminologie de Gérard Genette, on distingue les cas suivants : si le narrateur est absent de l'histoire racontée, on parle de récit hétérodiégétique ; si, au contraire, il est présent dans l'histoire racontée, on parle de récit homodiégétique (s'il en est le personnage principal, le récit est dit autodiégétique).

entrant en classe, de jeter nos casquettes par terre » (p. 24), et « Il serait maintenant impossible à aucun de nous de se rien rappeler de lui » (p. 30).

Ce pronom pluriel englobe le narrateur dans une collectivité, stable du passé au présent puisque l'adverbe « maintenant » établit une coïncidence avec le moment de la narration et exclut de ce fait, continûment, Charles Bovary. Un présent de même valeur se rencontre parfois ; au début de la deuxième partie, entre parenthèses, le narrateur intervient : « ainsi nommé à cause d'une ancienne abbaye de Capucins dont les ruines n'existent même plus « (p. 107). Et à la fin du roman, une phrase du même type tombe comme un couperet : « Il vient de recevoir la croix d'honneur » (p. 441). **La perspective du narrateur ouvre et ferme le roman** comme pour encadrer l'histoire qui se déroule et pour inviter le lecteur à adopter un point de vue distancié après s'être coulé dans le regard des personnages.

Le narrateur se manifeste occasionnellement encore par le biais du pronom « on » ou « vous » de valeur indéfinie, associée à un présent omnitemporel :

> C'était cette rêverie que l'on a sur ce qui ne reviendra plus, la lassitude qui vous prend après chaque fait accompli, cette douleur, enfin, que vous apportent l'interruption de tout mouvement accoutumé, la cessation brusque d'une vibration prolongée (p. 172).

## B. Que sait le narrateur de l'histoire racontée ?

C'est la question du point de vue ou de la focalisation[1]. On peut parler aussi de mode de narration.

Dans *Madame Bovary*, se manifeste la présence d'un narrateur omniscient qui adopte néanmoins fréquemment le point de vue d'un personnage. **Le point de vue est variable et multiple.** Des cas de discordances sont à mentionner.

L'omniscience s'exerce de manière évidente lorsque le narrateur donne au lecteur des informations qui manquent aux personnages : l'amour de

---

1. – Le narrateur sait tout ou du moins il en sait plus que le personnage : omniscience ou focalisation zéro ou encore type auctoriel selon la typologie de J. Lintvelt. Certains paramètres caractérisent ce premier type comme l'emploi en général de la troisième personne et l'expression d'un passé présenté comme révolu.
   – Le narrateur en sait autant que le personnage : focalisation interne, point de vue subjectif ou type actoriel selon J. Lintvelt. Le monde est vu à travers la conscience d'un sujet témoin. Dans un récit au passé, ce mode de narration offre l'illusion d'une narration simultanée au passé qui plonge dans l'intériorité du personnage.
   – Le narrateur en sait moins ou en dit moins que n'en sait le personnage : focalisation externe ou type neutre (J. Lintvelt). L'objet de la description est vu de l'extérieur.

Justin pour Emma par exemple reste inconnu des personnages jusqu'à la fin du roman.

Mais Flaubert refuse parfois ostensiblement l'omniscience pour entretenir l'intérêt du lecteur : le narrateur ne vient pas démentir l'opinion de M. Homais qui croit Justin amoureux de Félicité laissant ainsi le lecteur dans l'erreur pendant quelque temps (p. 141). Les manigances de Lheureux ne sont dévoilées au lecteur qu'au chapitre VII de la troisième partie (p. 385). De même, le narrateur laisse libre cours aux points de vue divergents des autres, sur M. Lheureux :

> On ignorait ce qu'il avait été jadis : porteballe, disaient les uns, banquier à Routot, selon les autres (p. 147).

Ou encore, sur Emma : les allégations de la veuve Dubuc sur le cousin d'Emma qui aurait été compromis ne sont ni démenties ni confirmées par le narrateur (p. 42). Les pensées d'Emma sont volontairement occultées au moment où Léon vient lui faire ses adieux ; la discussion se perd en banalités et en mots creux de même que la jeune femme se laisse aller à une rêverie vague et insignifiante :

> Sans que l'on pût savoir ce qu'Emma regardait à l'horizon ni ce qu'elle pensait au fond d'elle-même (p. 167).

La visite d'Emma chez le percepteur reste partielle puisqu'elle est vue par les commères d'Yonville.

Un exemple particulier est situé à la fin du roman : Lestiboudois a surpris Justin au cimetière et il interprète à tort le comportement du jeune garçon. Mais son opinion est présentée de manière neutre par le biais du passé simple qui paraît entraîner avec lui l'assentiment du narrateur. Il n'en est rien bien sûr et le lecteur, qui sait que Justin était amoureux d'Emma, savoure la méprise de Lestiboudois et le télescopage joué des deux points de vue :

> Il reconnut Justin escaladant le mur, et sut alors à quoi s'en tenir sur le malfaiteur qui lui dérobait ses pommes de terre (p. 430).

Les exemples de **focalisation interne** sont très nombreux. *Madame Bovary* offre une structure romanesque polyphonique : le discours est sans cesse travaillé par le jeu de plusieurs voix, qui se croisent, se complètent, se contredisent. Les personnages, les lieux et les faits ne sont pas situés dans un monde objectif. Le point de vue d'un personnage se porte sur le monde extérieur parfois sans indice autre que la cohérence rationnelle ; le point de vue d'Emma est adopté dans cet exemple :

> Elle sortit. Les murs tremblaient, le plafond l'écrasait ; et
> elle repassa par la longue allée, en trébuchant contre les tas
> de feuilles mortes que le vent dispersait (p. 397).

Le changement de perspective place un lieu ou un personnage sous un faisceau de regards que le lecteur doit rassembler pour reconstituer un décor ou un portrait. Yonville, par exemple, est un « bourg paresseux […] tout couché en long sur la rive, comme un gardeur de vaches qui fait la sieste au bord de l'eau » (p. 108) pour le voyageur, une ville de province étriquée pour Emma et Léon, un objet d'étude et de profit potentiel pour Homais. Le décor est émietté selon les perspectives adoptées.

**Flaubert donne au lecteur une vision fragmentaire, progressive**, par exemple d'Emma Bovary. Outre le regard des personnages principaux qui se portent sur elle, Emma est éclairée par le point de vue accessoire de personnages de moindre importance, celui de la mère de Charles (p. 33), celui de la veuve Dubuc qui apprend avec le lecteur qu'Emma était au couvent, chez les Ursulines (p. 42), celui des religieuses quand elle était au couvent (p. 69), celui des bourgeoises d'Yonville (p. 175), celui des commères, Madame Tuvache et Madame Caron (p. 388 *sq.*), celui de Justin (p. 399).

Charles est d'abord vu, lui aussi, de l'extérieur avant que son point de vue ne soit adopté pour finalement être à nouveau saisi de l'extérieur à la fin du roman. Le point de vue méprisant de Rodolphe se porte également sur lui (p. 180, 440).

**Les regards des personnages se croisent** même mettant en valeur les malentendus éventuels entre eux. Le point de vue d'Emma s'exerce sur les trois hommes qu'elle a connus et, symétriquement, leur point de vue à tous trois s'exerce sur elle. Pour Charles, elle est une épouse et une mère idéales qu'il voit avec des yeux de médecin. Le lecteur découvre Emma au fur et à mesure des visites de Charles chez le père Rouault (p. 38-39) et on retrouve le point de vue de Charles après la mort d'Emma (p. 417). Si Charles ne vit qu'au travers de l'amour pour sa femme, inclus symboliquement dans ses yeux :

> Son œil, à lui, se perdait dans ces profondeurs, et il s'y
> voyait en petit jusqu'aux épaules, avec le foulard qui le
> coiffait et le haut de sa chemise entrouvert (p. 61).

Emma n'a que mépris pour son mari. L'image de Charles se construit pour elle en négatif par rapport à une norme idéale.

Pour Léon, séduire Emma est un défi qui doit satisfaire à la fois ses sens et son ambition : « Il admirait l'exaltation de son âme et les dentelles de sa jupe » (p. 342). Emma, d'abord vue comme une madone inaccessible, se réduit à la figure stéréotypée de la maîtresse. Le regard d'Emma sur Léon change aussi au cours du roman : d'abord figure de l'amant romantique idéal, Léon se perd dans l'indéterminé des rêves d'Emma qui efface sa dimension concrète pour en faire un pur produit de son imagination, un « fantôme » (p. 371).

Rodolphe a sur Emma le regard désabusé du séducteur impénitent et cynique. Pour Emma, Rodolphe est l'incarnation de tous ses fantasmes secrets, la réalisation brute de ses rêves passionnels.

Enfin, le **point de vue externe** est adopté lorsqu'apparaît le pronom « on »,

– ponctuellement « on les regardait » (p. 87), comme pour estomper la distance entre le lecteur et l'univers fictionnel

– pour une scène tout entière, comme celle du fiacre, lieu du second adultère d'Emma où s'exprime une « voix off ».

> On la (la voiture) vit à Saint-Pol, à Lescure... (p. 317).

**La technique du double point de vue** est utilisée dans *Madame Bovary* : le point de vue d'un personnage est doublé par celui du narrateur.

Voir à cet égard la lecture méthodique du bal à la Vaubyessard (p. 79) : les personnages sont vus à travers le regard ébloui d'Emma Bovary auquel se superpose le commentaire du narrateur.

**Le discours rapporté** qui permet la coexistence de deux voix regroupe, selon la tradition scolaire, trois formes : le discours direct, le discours indirect, le discours indirect libre. À celles-ci s'associe la forme de discours narrativisé comme forme annexe qui traite le récit de paroles comme le récit d'événements et fond la parole à la narration. Il faut rajouter enfin toutes les formes qui manifestent la présence d'un discours autre dans l'énoncé, comme les marques graphiques que sont les guillemets et les italiques.

Toutes ces formes permettent l'imbrication plus ou moins délimitée de deux actes d'énonciation. Ni le discours direct, ni le discours indirect ne posent de problèmes de reconnaissance. Les italiques comme les guillemets sont des signaux également explicites du décrochage énonciatif, du renvoi à un autre discours. Ils ont cette particularité de souligner des mots qui sont employés par deux instances, un tiers identifié ou non et le narrateur. Ainsi, deux points de vue se superposent ; certains linguistes parlent de « modalisation autonymique[1] » : un personnage s'exprime et le narrateur, grâce à

---

1. Voir Jacqueline Authier-Revuz, « Repères dans le champ du discours rapporté », *in* *L'Information grammaticale*, n° 55, octobre 1992 (p. 38-42) et n° 56, janvier 1993 (p. 10-15).

l'ajout de guillemets ou à la mise en italiques, implicite un commentaire à faire sur les propos du personnage ainsi mis à distance. Ces signaux permettent dans *Madame Bovary* l'intrusion du discours social et sont garants de la couleur locale.

Ce sont par exemple les paroles du père de Charles qui sont rapportées au début du roman : « D'ailleurs, *avec du toupet, un homme réussit toujours dans le monde* » (p. 28). Le terme inaugural « d'ailleurs » appartient au discours du narrateur et souligne le décalage ironique avec la suite en italiques. Toute cette phrase relève du bon sens populaire dont le discours est fait de lieux communs simplistes. Un mot, une expression peuvent être ainsi soulignés, non pris en charge par le narrateur :

« Pourquoi la femme du médecin faisait-elle áu clerc des *générosités* ? Cela parut drôle, et l'on pensa définitivement qu'elle devait être *sa bonne amie* » (p. 143) : les expressions « générosités », « sa bonne amie » relèvent du discours des commères qui médisent sur la relation entre Emma et Léon. Les deux formules sont mises à distance comme appartenant à un registre de langue plus familier que celui du narrateur.

« Charles entra dans la salle. M. Boulanger lui présenta son homme, qui voulait être saigné parce qu'il éprouvait *des fourmis le long du corps* » (p. 177) : l'expression en italiques est imagée et témoigne du bon sens populaire ; toutefois, la particularité de cet exemple réside dans le fait qu'on ne sait s'il faut attribuer cette formule à Rodolphe ou bien à son charretier.

Les guillemets sont aussi utilisés dans le même sens : « Lheureux, affirmant "que ce n'était pas la mer à boire" » (p. 335). Les deux voix parfois s'entrechoquent dans une intention comique ; le point de vue de M. Homais est exprimé : « Théodore, le domestique du notaire, portait un habit bleu, "comme si l'on ne pouvait pas trouver un habit noir, puisque c'est l'usage, que diable !" » (p. 428-9). Des formules encore plus explicites peuvent remplacer ces signaux graphiques en empruntant les propos des personnages : « il (Lheureux) revint sous d'autres prétextes, tâchant chaque fois de se rendre aimable, serviable, s'inféodant, comme eût dit Homais » (p. 329). La formule « comme on dit » dénonce plus nettement encore un cliché (p. 42).

Ces formes ne sont nullement ambiguës puisque **Flaubert permet d'identifier avec certitude la source énonciative**. En revanche, le discours indirect libre se caractérise par… l'absence de signes explicites, ce qui le rend indécelable hors contexte. Dès lors, comment le reconnaître ? Le lecteur doit être alerté par un décalage entre ces mots et le reste du discours (par une hétérogénéité éventuelle des manières de dire) ou entre ce qu'il sait du locuteur et ce qu'impliquent les mots utilisés (par une incohérence éventuelle). La mention qui double l'usage est donnée à reconnaître à partir d'indices repérables dans le discours. Le narrateur souligne un commentaire à faire sur les propos rapportés, sans véritablement le formuler.

Ce mode d'énonciation peut servir à rapporter des paroles ou des pensées de personnages. L'effet obtenu dépend des circonstances. Si les paroles de M. Homais sont une fois rapportées sur ce mode (p. 163), ses pensées ne sont jamais révélées au lecteur comme s'il était un personnage trop superficiel.

C'est une manière biaisée de transcrire les paroles des personnages. Elle intervient dans les discussions entre Emma et les trois hommes qu'elle a rencontrés. Le premier échange entre Emma et Charles se fait sur ce mode (p. 48). Les propos sont-ils inconsistants et la communication entre les deux personnages est-elle d'emblée donnée comme impossible ? Sur ce mode encore sont retranscrits les propos erronés des personnages. La veuve Dubuc par exemple souffre d'un délire paranoïaque :

> Revenait-on près d'elle, c'était pour la voir mourir, sans doute. [...] il l'oubliait, il en aimait une autre ! On lui avait bien dit qu'elle serait malheureuse (p. 34).

Rodolphe invente un mensonge romanesque pour justifier son départ :

> Si bien qu'elle fit semblant de croire, ou crut-elle peut-être, au prétexte de leur rupture ; c'était un secret d'où dépendaient l'honneur et même la vie d'une troisième personne (p. 394).

Un déséquilibre est éloquent lorsque, dans un dialogue, les propos des personnages ne sont pas rapportés sur le même mode ; ainsi en est-il de la discussion entre Emma et Lheureux après la visite de l'envoyé de M. Vinçart : les répliques du commerçant sont entrecoupées de paroles d'Emma au discours indirect ou indirect libre (p. 365). C'est Lheureux qui dispose du pouvoir et qui manipule Emma.

**La transcription de pensées au discours indirect libre accorde la primauté à l'imaginaire des personnages. Mais toujours se superpose le regard du narrateur.** Les personnages principaux en bénéficient : Charles, Emma, Rodolphe, Léon. Quelquefois, l'ambiguïté demeure et il est difficile au lecteur d'identifier la source énonciative. Par exemple, la périphrase « cet imbécile à carnassière » (p. 223) qui désigne Binet se fond au discours du narrateur sans aucun signe de démarcation ; s'agit-il de discours indirect libre rapportant la pensée d'Emma furieuse d'avoir été surprise lors d'une de ses escapades ou alors d'un jugement du narrateur ? Il semble que l'expression se partage en un substantif axiologique* qui trahit le jugement d'Emma (« imbécile ») et d'un complément de nom qui, lui, fait entendre la voix du narrateur. Une expression du même type se retrouve lorsque l'expression « le vieillard à soutane » (p. 161) désigne le curé lors de son entrevue avec Emma dans la cathédrale. Toutes deux se chargent d'un sens péjoratif.

D'autres formules sont également ambiguës parce qu'elles adoptent insidieusement la syntaxe de la question rhétorique qui joue l'évidence :

> Ne fallait-il pas à l'amour, comme aux plantes indiennes, des terrains préparés, une température particulière ? (p. 93-94).

Néanmoins, l'ambiguïté dans ces cas est seulement feinte : le point de vue adopté est celui du personnage sur lequel s'exerce le point de vue du narrateur qui en souligne la naïveté.

**Le discours indirect libre est ce mode de rapport oblique qui assure la fusion de deux voix tout en permettant une dissonance ironique.**

## C.  La question du temps

Il s'agit d'étudier les relations entre le temps de l'histoire et le temps de la narration qui ne coïncident pas forcément.

### 1.  DU POINT DE VUE DE L'ORDRE

On peut constater des décalages entre la chronologie fictive (le temps de l'histoire) et l'ordre choisi dans la trame narrative, qu'on appelle des anachronies narratives.

Exemples de prolepses* ou anticipations (la narration est antérieure à la réalisation de l'événement) :

> Depuis les événements que l'on va raconter, rien, en effet, n'a changé à Yonville. Le drapeau tricolore de fer-blanc tourne toujours au haut du clocher de l'église (p. 111).

Quelques exemples d'analepses* ou retours en arrière (la narration est ultérieure à l'événement) sont fournis par *Madame Bovary* : l'ascendance et l'enfance de Charles (I, 1), l'enfance et les lectures romanesques d'Emma (I, 6), la vie de Léon durant les trois années après son départ de Yonville (III, 1). Une analepse plus ponctuelle « il s'était dit le lendemain des Comices... » (II, 9) peut aussi être relevée.

## 2.   DU POINT DE VUE DE LA FRÉQUENCE[1]

*Madame Bovary* est surtout caractérisé par des séquences itératives[1] qui peuvent s'appuyer sur des adverbes éloquents indiquant une répétition dans le temps :

> Elle songeait quelquefois que c'était là pourtant les plus beaux jours de sa vie, la lune de miel, comme on disait (p. 69).

Cependant l'imparfait de l'indicatif peut suffire à marquer l'itération[1] : largement utilisé dans ce roman, il est le plus apte à traduire la répétition d'actes toujours identiques, soit comme mise en scène d'un rituel qui confine au fétichisme, soit comme expression de la monotonie d'une existence, sans surprise et pleine d'ennui.

Le procès conjugué à l'imparfait, par l'aspect qui est associé à ce temps, est perçu dans son déroulement. Il n'est pas circonscrit dans le temps (on n'en connaît ni le début ni la fin).

> Souvent, lorsque Charles était sorti, elle allait prendre dans l'armoire, entre les plis de linge où elle l'avait laissé, le porte-cigares en soie verte (p. 89).

**L'imparfait brouille la chronologie, fondant les événements dans une même continuité lancinante.**

Le contraste entre l'imparfait et le passé simple est utilisé pour mettre en valeur l'événement du bal à la Vaubyessard au chapitre VII de la première partie : ce chapitre s'ouvre en effet sur les regrets incessants d'Emma ; il se poursuit avec la routine de sa vie quotidienne avec Charles, présentée sur le mode itératif*, pour se clore sur l'annonce du bal qui fait « un trou » dans le tissu de ses habitudes, dans cette « file » ininterrompue de journées « toujours pareilles, innombrables, et n'apportant rien » (p. 98).

Le chapitre V de la troisième partie commence par l'emploi du temps des jeudis à Rouen avec Emma, comme la dernière accalmie, le dernier havre de paix, avant la débâcle financière annoncée à son insu par une question de Charles :

> Il (Charles) se trouvait donc le plus fortuné des mortels, et Emma vivait sans inquiétude, lorsqu'un soir, tout à coup :

---

1. – Le récit est **singulatif** s'il raconte une fois ce qui s'est passé une fois.
– Le récit est **répétitif** s'il raconte plusieurs fois ce qui s'est passé une fois. On rejoint ici les variations de point de vue. Un même événement peut être décrit plusieurs fois mais avec un angle de perspective différent.
– Le récit est **itératif** s'il raconte une fois ce qui s'est passé n fois.

— C'est Mlle Lempereur, n'est-ce pas, qui te donne des
leçons ? (p. 347-8).

## 3. DU POINT DE VUE DE LA VITESSE DU RÉCIT[1]

Le narrateur peut raconter une journée en deux lignes ou deux cents
pages. De la variation du volume textuel consacré à chaque événement
dépend la vitesse du récit autrement dit les variations du tempo. Il s'agit de
comparer le temps de l'histoire (mesurable en unités temporelles, années,
jours, heures) et le temps du récit (mesurable en pages de texte).

Flaubert fait alterner sommaires[1] et scènes[1]. Quelques exemples
d'ellipses[1] se rencontrent dans le roman : une ellipse[1] de trois mois entre
l'épisode de la saignée (la première visite de Rodolphe chez les Bovary) et
la scène des Comices (deuxième partie, chapitres VII-VIII). Après la scène
des Comices, Emma attend Rodolphe pendant six semaines non racontées
(deuxième partie, chapitre IX).

L'analyse du tempo du roman est significative :

**PREMIÈRE PARTIE : 3 ANS**

Chapitre II : le père Rouault s'est cassé la jambe en revenant de « faire
les rois » (début janvier). Il est considéré comme guéri quarante-six jours
après ; huit jours après, Héloïse Dubuc meurt.

Près de deux mois sont racontés en dix pages.

Chapitre III : un an est raconté en sept pages.

Le rythme rapide de ces deux chapitres met mieux en valeur le ralentissement du chapitre IV tout entier consacré à la description de la noce (trois
jours occupent sept pages du récit). Cette disproportion flagrante signale la
scène de la noce comme moment clé du roman.

La narration reprend son rythme rapide ensuite puisque les chapitres V,
VI et VII relatent en quelques pages seulement plusieurs mois de l'histoire
avant le second arrêt sur le bal à la Vaubyessard (chapitre VIII).

Enfin un an et demi est résumé dans le dernier chapitre de cette partie en
un petit nombre de pages.

---

1. – **Pauses** : le temps de l'histoire s'immobilise. C'est le lieu de la description dont on peut
interroger le contenu, le mode d'insertion dans le récit, la fonction dans l'histoire ou la
narration.
– **Scènes** : coïncidence entre le temps de l'histoire et le temps du récit.
– **Sommaires** : le temps de l'histoire est plus long que le temps du récit. Le narrateur condense
une longue durée en quelques lignes.
– **Ellipses** : le temps du récit est nul. Certains fragments du réel ne sont pas transcrits.

Les variations de rythme de cette première partie mettent en évidence deux moments de la vie d'Emma, deux scènes qui se trouvent mises en parallèle par le traitement similaire du narrateur c'est-à-dire le ralentissement de la narration : la noce et le bal à la Vaubyessard.

Dans les deux parties suivantes, les scènes se multiplient provoquant de plus nombreux arrêts sur image et un ralentissement notable du tempo.

### DEUXIÈME PARTIE : 3 ANS ET 7 MOIS

Elle est organisée autour du pivot de la scène des comices qui occupe le chapitre VIII (vingt-sept pages du roman) placé au centre de cette partie sur le plan structurel mais aussi temporel puisqu'il partage la durée de l'histoire en deux parties à peu près égales de part et d'autre, la phase antérieure étant légèrement plus longue.

I, II, III, IV, V, VI, VII : soixante-seize pages pour deux ans.

IX, X, XI, XII, XIII, XIV, XV : quatre-vingt neuf pages pour un an et sept mois.

### TROISIÈME PARTIE : 2 ANS ET QUELQUES MOIS

Elle se caractérise par l'absence d'ellipses* et un nombre restreint de sommaires*, deux traitements du temps qui accélèrent la narration. Le lecteur a l'impression de vivre au plus près du personnage et de suivre pas à pas la déchéance d'Emma, comme le scénario d'un suicide annoncé et inévitable. L'escalade des mensonges entraîne l'héroïne vers une fin qui paraît une conséquence logique.

## D.   La description

La description, insérée dans un texte de fiction, pose des questions spécifiques. Elle a été soumise, au cours des siècles, à des critiques constantes qui tiennent à son statut originel puisqu'elle apparaît, dans la rhétorique ancienne, comme le développement obligé de la narration, *ancilla narrationis*, qu'elle serve l'argumentation ou qu'elle soit simplement un morceau codifié, attendu et finalisé, un « morceau de bravoure ». On a reproché, plus particulièrement, au roman naturaliste l'hypertrophie descriptive, cette dérive incontrôlable de l'amplification qui fait œuvre d'érudition et risque de contrarier l'ordre du narratif. En effet, la description, par définition, n'a pas de fin puisque la succession des éléments descriptifs ou prédicats est en théorie infinie, ne pouvant jamais épuiser l'objet de la description. Zola, en 1880, affirme vouloir faire œuvre de savant et donner une valeur scientifique à la description.

Flaubert résout la question de la description excessive parce que, dans *Madame Bovary*, les séquences descriptives sont toujours moyen et non fin. Le lecteur qui en ferait l'économie manquerait une part du sens de l'œuvre.

## 1. LE SOUCI DU DÉTAIL

Flaubert prend soin de décrire avec force détails certains objets. Mais il échappe à la critique du détail inutile en établissant une corrélation entre différents éléments qui tisse un réseau signifiant, fait de rappels ou d'annonces. **Les séquences descriptives ne sont pas alors digressions superflues mais au contraire maillons d'une chaîne narrative et symbolique.** La casquette de Charles par exemple fonctionne comme l'équivalent chosifié du personnage lui-même. La pièce montée contient déjà les poncifs romantiques qui guideront Emma tout au long du roman. Les notations descriptives récurrentes sont des indices symboliques : par exemple, le curé de plâtre peut être lu comme le symbole du mariage raté et de la décrépitude de l'existence d'Emma. Lors de sa seconde mention, il a perdu le pied droit (p. 99) puis il se casse « en mille morceaux » lors du déménagement à Yonville (p. 129). Le porte-cigares du marquis, « tout bordé de soie verte et blasonné à son milieu, comme la portière d'un carrosse » (p. 89), cristallise ce monde de richesse entrevu par Emma qui conserve l'objet comme une relique, signe d'un rêve impossible.

## 2. DESCRIPTION ET NARRATION

**La description chez Flaubert se substitue même à la narration** : décrire la forêt autour de Rodolphe et Emma est une façon indirecte de dire le premier adultère. Décrire la course du fiacre où se trouvent Emma et Léon équivaut à dire implicitement le second adultère. Une lecture érotique peut être faite du décor où se déroule la promenade de Léon et d'Emma, qui reviennent de leur visite chez la Mère Rolet (p. 137).

**Les paysages décrits sont porteurs d'un sens**, soit qu'ils assurent un relais pour éclairer la psychologie ou l'état d'âme d'un personnage, soit qu'ils fonctionnent comme signes prémonitoires. Après le départ de Léon, le paysage décrit du point de vue d'Emma (p. 168) et l'orage qui déchire un moment le ciel figurent en raccourci le passage de la tristesse à l'oubli et au retour de la sérénité après tout événement douloureux. Un ouragan se prépare avant le bal à la Vaubyessard et des signes avant-coureurs parcourent la campagne où se promène Emma (p. 77). La description de Yonville contient déjà toutes les raisons qu'aura Emma de s'y ennuyer : bâtarde, sans accentuation, sans caractère, réfractaire au progrès, conservatrice.

*Madame Bovary* propose **un univers où personnages et décors sont en phase** en vue d'une cohésion parfaite qui assure l'autonomie du roman. Par ironie, certains paysages fonctionnent comme des contre-symboles : quand Emma est ruinée, « il faisait beau » (p. 380) écrit le narrateur. De même, Charles meurt sur le banc du jardin qui a servi à l'adultère, par une belle journée ensoleillée. Ironie du sort et signe de la fatalité !

### 3.  UN EXEMPLE DE DESCRIPTION :

#### ANALYSE DU PARALLÈLE ENTRE LES DEUX DESCRIPTIONS D'YONVILLE
(seconde partie, chapitre I, p. 108-109 et chapitre IX, p. 214-215)

#### *Texte A*

Au bas de la côte, après le pont, commence une chaussée plantée de jeunes trembles, qui vous mène en droite ligne jusqu'aux premières maisons du pays. Elles sont encloses de haies, au milieu de cours pleines de bâtiments épars, pressoirs, charretteries et bouilleries, disséminés sous les arbres touffus portant des échelles, des gaules ou des faux accrochées dans leur branchage. Les toits de chaume, comme des bonnets de fourrure rabattus sur des yeux, descendent jusqu'au tiers à peu près des fenêtres basses, dont les gros verres bombés sont garnis d'un nœud dans le milieu, à la façon des culs de bouteilles. Sur le mur de plâtre que traversent en diagonale des lambourdes noires, s'accroche parfois quelque maigre poirier, et les rez-de-chaussée ont à leur porte une petite barrière tournante pour les défendre des poussins, qui viennent picorer, sur le seuil, des miettes de pain bis trempé de cidre. Cependant les cours se font plus étroites, les habitations se rapprochent, les haies disparaissent ; un fagot de fougères se balance sous une fenêtre au bout d'un manche à balai ; il y a la forge d'un maréchal et ensuite un charron avec deux ou trois charrettes neuves, en dehors, qui empiètent sur la route. Puis, à travers une claire-voie, apparaît une maison blanche au-delà d'un rond de gazon que décore un Amour, le doigt posé sur la bouche ; deux vases en fonte sont à chaque bout du perron ; des panonceaux brillent à la porte ; c'est la maison du notaire, et la plus belle du pays.

#### *Texte B*

On était aux premiers jours d'octobre. Il y avait du brouillard sur la campagne. Des vapeurs s'allongeaient à l'horizon, entre le contour des collines ; et d'autres, se déchirant, montaient, se perdaient. Quelquefois, dans un écartement des nuées, sous un rayon de soleil, on apercevait au loin les toits d'Yonville, avec les jardins au bord de l'eau, les cours, les murs, et le clocher de l'église. Emma fermait à demi les paupières pour reconnaître sa maison, et jamais ce pauvre village où elle vivait ne lui avait semblé si petit. De la hauteur où ils étaient, toute la vallée paraissait un immense lac pâle, s'évaporant à l'air. Les massifs d'arbres de place en place, saillissaient comme des rochers noirs ; et les hautes lignes des peupliers, qui dépassaient la brume, figuraient des grèves que le vent remuait.

À côté, sur la pelouse, entre les sapins, une lumière brune circulait dans l'atmosphère tiède. La terre, roussâtre comme de la poudre de tabac, amortissait le bruit des pas ; et, du bout de leurs fers, en marchant, les chevaux poussaient devant eux des pommes de pin tombées.

Il s'agit de deux descriptions d'un même paysage : La première prend place au chapitre I de la seconde partie, lorsque le narrateur entreprend de présenter Yonville-l'Abbaye où les époux Bovary ont décidé de s'installer après leur départ de Tostes ; la seconde se situe au chapitre IX de la même partie : Emma et Rodolphe sont partis, avec la bénédiction aveugle de Charles, pour une promenade à cheval, prélude au premier adultère d'Emma. Ces deux descriptions sont réalisées avec un point de vue différent, celui du narrateur d'abord, celui d'Emma pour la seconde. On s'efforcera d'abord de reconnaître les indices de chaque point de vue dans les deux textes avant d'étudier la structure de la séquence descriptive. Cependant, s'ils diffèrent par la perspective adoptée, les deux textes se rejoignent par une même stratégie de l'implicite.

### A. LE POINT DE VUE

La focalisation différente a des incidences explicites sur les deux textes.

*Texte A* : il utilise la focalisation zéro ou omniscience.

*Texte B* : il utilise la focalisation interne (le point de vue d'Emma est adopté).

#### Indices personnels

*Texte A* : il se caractérise par l'absence de marques personnelles, de traces d'énonciation et de modalisateur. Aucune source perceptive n'est explicitée. Un seul pronom personnel apparaît dans la phrase « qui vous mène » qui équivaut à la forme complément du pronom indéfini « on ». C'est une façon d'impliciter la présence du lecteur potentiel que le narrateur a charge d'informer, de guider. La phrase joue sur les structures d'un guide de voyage qui revendique l'objectivité, la neutralité.

*Texte B* : des indices rapportent la vision au personnage.

– Le regard d'Emma est explicité par une phrase au milieu du texte « Emma fermait à demi les paupières pour reconnaître sa maison ».

– Des expressions modalisent les phrases, comme avec le verbe « sembler » qui, associé au pronom personnel « lui », dénote la source de la perception : « ne lui avait semblé ». L'emploi du verbe « paraître » est similaire. « De la hauteur où ils étaient, toute la vallée paraissait un immense lac pâle » : cette fois, c'est le complément de lieu au début de la phrase qui restreint la sensation qui suit à la vision des personnages.

« Paraître » et « sembler » jouent sur le degré de certitude à accorder à l'énoncé et trahissent la perception particulière et subjective.

### Indices spatiaux

*Texte A* : il est structuré sur la succession de groupes nominaux prépositionnels tous repérés par rapport à un autre élément du décor. La description suit le regard du narrateur qui s'enfonce dans le dédale des rues d'Yonville jusqu'à aboutir à la maison du notaire, point d'orgue de la séquence.

*Texte B* : la dynamique de l'extrait repose sur des locutions adverbiales qui se dispensent d'un repère explicite dans le texte puisque les adverbes ne régissent pas de compléments. Ils ne sont repérés que par rapport à un point de perception particulier : « à l'horizon », « au loin », « à côté ».

### Indices temporels

*Texte A* : il utilise le présent omnitemporel, sans point d'ancrage précis, comme un guide de voyage.

*Texte B* : il utilise l'imparfait qui ancre la description dans le passé. Une chronologie est instaurée grâce au plus-que-parfait, « avait semblé », associé à une valeur d'accompli et d'antériorité. L'histoire d'un personnage se dessine en filigrane.

L'imparfait permet aussi de maintenir une distance ; le narrateur ne se porte pas garant des énoncés produits.

### B. STRUCTURE DE LA SÉQUENCE DESCRIPTIVE

### Dynamique d'ensemble

*Texte A* : il est construit, tout au moins pour son premier segment (jusqu'à « cidre ») sur une succession de plans ; la description se fait en approche d'un plan général au plan rapproché qui éclaire des détails comme les « miettes » en passant par le plan moyen axé sur les maisons.

*Texte B* : il est construit sur une boucle réflexive initiée par une vue de haut et de loin pour ramener le lecteur aux personnages, en fin de séquence.

### Rythme des phrases

*Texte A* : les phrases sont longues et s'assimilent à des périodes* : « Elles sont encloses de haies, au milieu de cours pleines de bâtiments épars, pressoirs, charretteries et bouilleries, disséminés sous les arbres touffus portant des échelles, des gaules ou des faux accrochées dans leur branchage ». La phrase rebondit sur un élément à la faveur d'une précision descriptive.

*Texte B* : les phrases sont plus courtes.

### Structure des groupes de mots

– Les déterminants du nom

*Texte A* : les articles définis sont majoritaires, fonctionnant comme articles de notoriété ou embrayeurs romanesques.

*Texte B* : les déterminants sont plus variés puisqu'ils comptent des articles indéfinis, des adjectifs possessifs ou démonstratifs. Les articles définis se chargent d'une valeur proche de celle des démonstratifs, « toute la vallée », « les massifs d'arbres », puisqu'ils renvoient toujours à la vision des personnages.

– Les compléments de nom

*Texte A* : ils prennent une valeur descriptive. Les adjectifs sont volontiers postposés (« lambourdes noires, maison blanche ») se chargeant d'une valeur proprement objective. Les compléments de nom indiquent des matières (« toits de chaume, mur de plâtre, vase en fonte »). La locution « à peu près » est, paradoxalement, indice d'une volonté de précision par l'approximation qu'elle suppose. Le seul adjectif évaluatif (« la plus belle ») se rapporte à la maison du notaire ; la phrase est isolée par la conjonction « et » et acquiert, de ce fait, un statut particulier : elle se fait comme l'écho du discours supposé des habitants du village.

*Texte B* : ils prennent une valeur plus subjective. Les adjectifs sont évaluatifs (« ce pauvre village » qui porte de surcroît un jugement), modalisés par les verbes « paraître », « sembler » (« un immense lac », « si petit »). L'adjectif « pâle » est insolite associé au mot « lac », non animé, et trahit l'impression subjective. Le seul adjectif de couleur, adjectif descriptif par excellence, se trouve lui-même modalisé puisqu'il s'insère dans une comparaison (« comme des rochers noirs »), forcément subjective.

– Structure des mots

*Texte A* : les jeux lexicaux soutiennent l'effort de clarté du narrateur. Des suffixes sont identiques (« charretteries, bouilleries »), des mots ont une même base morphologique (« charron, charrettes ») comme si la parenté des formations lexicales aidait, par ricochet, à élucider le sens du mot le plus difficile. Des termes paraissent plus techniques (« lambourdes »).

*Texte B* : la description se fait beaucoup moins précise.

#### C. STRATÉGIE DE L'IMPLICITE

### Les faux échos d'un texte à l'autre

Des parentés formelles de détail trahissent un changement plus profond :

*Texte A* : « il y a la forge d'un maréchal » : phrase neutre, strictement informative, au service d'une vérité non contingente.

*Texte B* : « il y avait du brouillard sur la campagne » : on glisse, par le biais de l'imparfait, à une perception particulière, tributaire d'un moment et d'un regard évanescents.

*Texte A* : l'adverbe « parfois » est objectif, se chargeant en fait d'une valeur locative (la fréquence spatiale d'un élément du décor).

*Texte B* : l'adverbe « quelquefois » accompagne une notation qui dépend là encore du regard d'Emma.

### La fonction narrative

*Texte A* : le texte se caractérise par un changement à partir de l'adverbe « cependant » de valeur temporelle ou concessive. Les segments de phrase se succèdent en parataxe*, séparés seulement par des points-virgules ; le rythme s'accélère. La description devient plus dynamique par le biais de verbes à la voix pronominale qui suggèrent une volonté sous-jacente (« se font, se rapprochent ») et rebondit sur des connecteurs temporels (« puis, ensuite ») pour finalement aboutir à l'apparition d'une maison blanche qui se révèle celle du notaire, à la fin de l'extrait. Le présentatif solennel « c'est la maison du notaire » détache cet élément du reste de la séquence, construite sur une progression dramatique. On sait toute l'importance de la figure du notaire dans la trame romanesque de *Madame Bovary*.

*Texte B* : il fonctionne comme prélude en apparence anodin à la scène cruciale où Emma succombe à Rodolphe. Cette scène de l'adultère sera d'ailleurs également décrite indirectement par le relais du paysage naturel qui entoure les personnages.

### Comparaisons et métaphores

*Texte A* : sa tonalité est burlesque. « Les toits de chaume, comme des bonnets de fourrure rabattus sur des yeux, descendent jusqu'au tiers à peu près des fenêtres basses, dont les gros verres bombés sont garnis d'un nœud dans le milieu, à la façon des culs de bouteilles ». La comparaison initiale induit la métaphore qui associe les fenêtres aux yeux, encouragée par le mot « bombés » rappelant allusivement le globe oculaire. Une discordance burlesque surgit à la faveur de la nouvelle comparaison qui évoque cette fois « des culs de bouteilles » !

*Texte B* : les comparaisons sont plus nombreuses : « paraissait un immense lac, s'évaporant à l'air », « comme des rochers noirs », « les hautes lignes des peupliers [...] figuraient des grèves ». Ces trois comparaisons transforment le paysage vu par Emma en un paysage maritime hallucinatoire. Enfin, « la terre roussâtre comme de la poudre de tabac » serait-elle une allusion au porte-cigares trouvé par Charles et conservé comme une relique par Emma après le bal à la Vaubyessard ?

Les métaphores développent la même isotopie* de la déperdition, illustrant le désarroi d'Emma : des vapeurs « se déchirant, montaient, se perdaient », la vallée semble un lac « s'évaporant à l'air ». Ces figures assignent nettement une valeur symbolique ou emblématique au texte.

### BILAN

Les deux textes diffèrent par le point de vue adopté ; leur structure est différente mais tous deux sont porteurs d'un sens caché à décrypter. Les allusions, les rapprochements incongrus doivent amener le lecteur à lire les mots dans toutes leurs acceptions et à tout envisager comme signifiant. Des détails sont des indices proleptiques à déceler.

## IV. APPROCHE STYLISTIQUE : *MADAME BOVARY* EST-IL UNE ŒUVRE LYRIQUE ?

On a dit de Flaubert qu'il était un réaliste, un naturaliste ; on a voulu voir en lui une sorte de chirurgien des lettres disséquant les passions et faisant l'autopsie du cœur humain ; il était le premier à en sourire : c'était un lyrique[1].

### A.  L'épreuve du « gueuloir »

Flaubert, soucieux du rythme et de l'euphonie*, organisait des séances consacrées à la lecture de son manuscrit. Il relisait aussi à haute voix son texte à mesure qu'il le rédigeait pour s'assurer de l'harmonie des phrases.

Dans *Madame Bovary*, les phrases peuvent être très brèves ou au contraire se développer en périodes* très structurées. Le commentaire implicite suggéré peut être inversement proportionnel à la longueur du développement. **Des phrases minimales construites en parataxe\* sont mises au service d'une satire économique et d'autant plus efficace.** Un raccourci narratif accélérant par exemple le tempo accentue la rapidité des actions successives et pourtant contradictoires ; dès lors le revirement de l'abbé, par exemple, dans la scène qui l'oppose à Homais, devient comique :

Cette dérision du premier des sacrements indigna l'abbé Bournisien ; le père Bovary répondit par une citation de *la*

---

1. Maxime Du Camp, *Souvenirs littéraires,* (1822-1894), Paris, Hachette, 1962, p. 26.

> *Guerre des dieux*, le curé voulut partir ; les dames
> suppliaient ; Homais s'interposa ; et l'on parvint à faire
> rasseoir l'ecclésiastique, qui reprit tranquillement, dans sa
> soucoupe, sa demi-tasse de café à moitié bue (p. 132).

Au contraire, un rythme ternaire module les longues phrases :

> Elles lui avaient, en effet, tant prodigué les offices, les
> retraites, les neuvaines et les sermons, si bien prêché le
> respect que l'on doit aux saints et aux martyrs, et donné
> tant de bons conseils pour la modestie du corps et le salut
> de son âme, qu'elle fit comme les chevaux que l'on tire par
> la bride : elle s'arrêta court et le mors lui sortit des dents
> (p. 69).

Le contraste entre un segment de phrase long et une apodose* brève joue
en faveur du comique d'une situation, par exemple lorsque Homais,
perturbé par Justin, annonce sans ménagement la mort de son beau-père à
Emma alors qu'il avait peaufiné son intervention :

> Il avait médité sa phrase, il l'avait arrondie, polie, rythmée ;
> c'était un chef-d'œuvre de prudence et de transition, de
> tournures fines et de délicatesse ; mais la colère avait
> emporté la rhétorique (p. 324).

L'originalité de Flaubert est d'avoir soutenu que la prose exige aussi un
travail mélodique, fondé sur des mesures rythmiques.

> Une bonne phrase de prose doit être comme un bon vers,
> *inchangeable*, aussi rythmée, aussi sonore (À Louise Colet,
> 22 juillet 1852).

Philippe Dufour parle même de poèmes en prose pour les récits de rêves
ou de souvenirs des personnages[1].

> Un vent tiède se roule sur les plates-bandes labourées, et
> les jardins, comme des femmes, semblent faire leur toilette
> pour les fêtes de l'été (p. 156).

La cadence accentuelle ainsi que les retours de sonorités rendent cette
phrase harmonieuse. Deux segments de phrase se répondent de part et
d'autre de la conjonction « et » par la sonorité du (é). À l'intérieur de chaque
séquence, les finales féminines prolongent les sons (tiède, roule, femmes,
plates-bandes, toilette).

---

1. Ph. Dufour, *Flaubert ou la prose du silence*, Paris, Nathan, 1997, p. 7.

# B.   Les figures de l'analogie : les comparaisons et les métaphores

## 1.   DE L'ABSTRAIT AU CONCRET

**Qu'elle s'appuie sur la comparaison ou la métaphore, la concrétisation est récurrente dans le roman.** L'expression imagée est typique du registre populaire comme l'illustre Félicité qui raconte l'histoire de Guérine, « la fille au père Guérin », qui avait « une manière de brouillard » (p. 155) dans la tête avant de se marier. Les comparaisons qui concrétisent sont choisies en fonction des personnages et rappellent allusivement leur origine paysanne. C'est le cas pour Emma qui se désole de son mariage et qui pense que si Charles l'avait comprise, « une abondance subite se serait détachée de son cœur, comme tombe la récolte d'un espalier, quand on y porte la main » (p. 72). L'image devient source de dérision lorsque le cœur d'Emma, après le bal à la Vaubyessard, est rapproché de ses souliers qui se sont jaunis à la cire du parquet : « son cœur était comme eux : au frottement de la richesse, il s'était placé dessus quelque chose qui ne s'effacerait pas » (p. 90) ou encore lorsque les pensées d'Emma, proche de la folie, sont comparées aux « mille pièces d'un feu d'artifice » (p. 398).

Quand c'est un adjectif qui sert de point de comparaison, il se trouve partagé entre son sens propre, concret, et un sens figuré ; il sert alors de tremplin à la comparaison qui s'épanouit en métaphore filée : « Sa vie (d'Emma) était froide comme un grenier dont la lucarne est au nord, et l'ennui, araignée silencieuse, filait sa toile dans l'ombre à tous les coins de son cœur » (p. 76). Le sens figuré de « froide » se trouve doublé de son sens propre, par le biais de la comparaison. Cet autre exemple est similaire lorsque les aspirations vaines à une vie luxueuse d'Emma sont résumées par cette comparaison entre son chagrin « qui s'engouffrait dans son âme avec des hurlements doux » et « le vent d'hiver dans les châteaux abandonnés » (p. 172). La comparaison vient expliciter la métaphore verbale contenue dans le verbe « s'engouffrait » associé à un nom abstrait et ajoute un parallèle implicite entre l'âme et « les châteaux ».

Ces glissements entre abstrait et concret sont l'occasion de métaphores filées parfois fort développées, comme celle qui se trouve au chapitre VII de la seconde partie, qui associe le souvenir de Léon à un « feu de voyageurs abandonné sur la neige » (p. 173). Deux paragraphes tout entiers reposent sur ce parallèle initiateur.

## 2. DU NON-ANIMÉ À L'ANIMÉ, GLISSEMENT QUI CONFINE QUELQUEFOIS À L'HUMANISATION

Les comparaisons ou les métaphores peuvent être encore ironiques par exemple lorsque la pensée d'Emma vagabonde « comme sa levrette » (p. 76), que les pensées de Léon s'abattent sur l'auberge du Lion d'Or comme « les pigeons [...] qui venaient tremper là, dans les gouttières, leurs pattes roses et leurs ailes blanches » (p. 153) ou que les rêves d'Emma tombent « dans la boue comme des hirondelles blessées » (p. 245) ; elles peuvent être comiques quand l'auberge du Lion d'Or montre aux passants « sa frisure de caniche » (p. 111).

Mais elles gagnent en poésie et s'éloignent de la visée satirique quand le terme comparant est connoté favorablement et que rien ne vient le contredire : « les déchirures de papier [...] s'abattirent plus loin, comme des papillons blancs, sur un champ de trèfles rouges tout en fleur » (p. 317).

« La campagne ainsi ressemble à un grand manteau déplié qui a un collet de velours vert, bordé d'un galon d'argent » (p. 107).

« On l'aperçoit (Yonville) de loin, tout couché en long sur la rive, comme un gardeur de vaches qui fait la sieste au bord de l'eau » (p. 108).

L'orgueil d'Emma « comme quelqu'un qui se délasse dans une étuve, s'étirait mollement et tout entier à la chaleur de ce langage » (p. 211).

### 3. LES IMAGES DE L'AMOUR

Elles sont différentes selon les circonstances et selon le point de vue adopté.

Si c'est le point de vue d'Emma qui est choisi, les comparaisons empruntent à la nature, exotique quand elle fait intervenir les « plantes indiennes » (p. 94), naïve quand l'amour est assimilé à un ouragan des cieux (p. 144) et quand la passion est rapprochée d'un « grand oiseau au plumage rose planant dans la splendeur des ciels poétiques » (p. 70). Rodolphe est plus concret ou plus terre à terre, quand avec cynisme il observe Emma : « ça bâille après l'amour comme une carpe après l'eau sur une table de cuisine » (p. 180). Les bourgeois qui préviennent la mère de Léon voient enfin dans l'amour une « créature pernicieuse, la sirène, le monstre » (p. 370).

## C.   L'ironie flaubertienne

### 1.   COMMENT DÉFINIR L'IRONIE ?

**Elle est une manière de dire indirectement quelque chose et peut, par conséquent, être envisagée comme un cas particulier de double**

**sens** : elle permet la coexistence d'un sens manifeste ou littéral, et d'un sens suggéré ou latent. Le lecteur doit reconnaître l'énoncé ironique pour l'interpréter correctement, c'est-à-dire conformément aux intentions du narrateur.

### 2. COMMENT RECONNAÎTRE LES ÉNONCÉS IRONIQUES ?

Des signaux explicites soutiennent quelquefois l'ironie et alertent claire-ment le lecteur : les guillemets, l'italique qui signalent une mise à distance, une parole rapportée, ou le point de suspension qui, lui, fonctionne comme indice d'un commentaire non précisé du narrateur sur son énoncé. Mais **l'ironie repose le plus souvent sur une discordance implicite**, entre ce qui est dit et le contexte ou bien entre deux voix, celle d'un personnage et celle du narrateur, ce qui fait de l'ironie un cas particulier de polyphonie et de l'énoncé ironique une citation commentée. **Il y a mise à distance du discours d'autrui.** L'énoncé ironique serait comme l'écho de propos autres dont le narrateur souligne l'inadéquation. Une mauvaise interprétation d'un énoncé ironique est illustrée par un échange entre Rodolphe et Emma juste avant la scène de l'adultère (p. 214-215) :

> — Dieu nous protège ! dit Rodolphe.
> — Vous croyez ? fit-elle.

Emma prend au pied de la lettre les propos de Rodolphe sans s'apercevoir de leur ton ironique.

### 3. QUEL EST LE BUT DE L'IRONIE ?

Elle est au service de la satire, de la démystification mais elle n'exclut pas le pathétique :

> Ce sera, je crois, la première fois que l'on verra un livre qui se moque de sa jeune première et de son jeune premier. L'ironie n'enlève rien au pathétique ; elle l'ouvre au contraire (À Louise Colet, 9 octobre 1852).

L'ironie devient même pour Flaubert une manière de philosophie qui lui permet de toujours conserver un recul salutaire.

> L'ironie pourtant me semble dominer la vie [...] Cette disposition à planer sur soi-même est peut-être la source de toute vertu (À Louise Colet, 8-9 mai 1852).

> Quand est-ce qu'on écrira les faits au point de vue d'une blague supérieure, c'est-à-dire comme le bon Dieu les voit, d'en haut ? (À Louise Colet, 8 octobre 1852).

## 4. LES DIFFÉRENTES FORMES D'ÉNONCÉS IRONIQUES

### *Équivoque ou double sens d'un terme*

« Une de ces pauvres choses, enfin, dont la laideur muette a des profondeurs d'expression comme le visage d'un imbécile » (p. 24) : la comparaison annule le sens du mot « profondeurs » chargé jusque là d'un sens positif.

« Grâce à ces travaux préparatoires, il échoua complètement à son examen d'officier de santé » (p. 32) : l'ironie porte sur l'adjectif « préparatoires » ; le résultat obtenu dément le premier segment de la phrase en brisant la causalité logique.

### *La reprise ironique de termes*

Rodolphe la pratique lorsqu'il reprend à son propre compte les propos de Mme Homais après la scène des Comices :

Nous avons eu pour notre fête une bien belle journée.
Rodolphe répéta d'une voix basse et avec un regard tendre :
— Oh ! oui, bien belle ! (p. 208).

Le narrateur ne s'en prive pas, reprenant un terme employé par le pédant pharmacien :

Qu'a donc notre intéressant stréphopode ?
Il se tordait, le stréphopode, dans des convulsions atroces
(p. 238).

Le mot savant parodié est mis en valeur par le tour emphatique qui joue sur la redondance (ou reprise) du sujet.

### *Le statut problématique du « et »*

La conjonction « et » suscite des rapprochements incongrus. Elle est censée relier des compléments de même statut syntaxique et, partant, proches sur le plan sémantique. Une discordance se manifeste quelquefois en faveur d'une touche comique : Charles épouse « la veuve d'un huissier de Dieppe, qui avait quarante-cinq ans et douze cents livres de rente » (p. 33) : ici, le « et » équivaut à une surenchère (« et surtout ») ou à un « mais » d'opposition. Héloïse demandait à son époux « quelque sirop pour sa santé et un peu plus d'amour » (p. 34) : « et » place sur le même plan un complément concret et un complément abstrait.

« Il entendait rouler sur leur tringle les anneaux de fer et sa femme dormir » (p. 36) : c'est une manière implicite de mentionner le ronflement de la première femme de Charles.

« On voyait se lever au vent, comme un flot, quelque crinière blanche, ou bien saillir des cornes aiguës, et des têtes d'hommes qui couraient » (p. 189) : la conjonction place sur le même plan un attribut animal et un élément humain.

« Alors M. Bournisien aspergeait la chambre d'eau bénite et Homais jetait un peu de chlore par terre » (p. 422) : la coordination confine au blasphème car l'eau bénite perd sa valeur symbolique et sacrée pour redevenir un vulgaire liquide à l'instar du chlore.

### L'évidence faussée

Elle joue fréquemment sur l'emploi subverti de « d'ailleurs » qui intervient dans un segment de discours indirect libre. Voir le chapitre sur le discours rapporté (p. 47).

### Les comparaisons burlesques

Elles jouent dans le sens héroï-comique de l'hyperbole : le nom des matières enseignées lorsque Charles part étudier la médecine sont comparées à des « portes de sanctuaires pleins d'augustes ténèbres » (p. 31) ; pour faire épouser Mme Dubuc à son fils, la mère Bovary « fut obligée » (p. 33) d'évincer tous les rivaux potentiels de Charles, et notamment la coalition grotesque formée par un charcutier et les prêtres ! Elles peuvent aussi servir à dévaloriser par des rapprochements incongrus : « Il vous saignait les gens largement, comme des chevaux » (p. 96).

### Le non-dit, l'implicite

L'ironie se manifeste également sans signaux explicites.

« Quoiqu'elle fût laide, sèche comme un cotret, et bourgeonnée comme un printemps, certes Mme Dubuc ne manquait pas de partis à choisir » (p. 33). Elle a en effet d'autres arguments comme douze cents livres de rente !

« Charles finissait par s'estimer davantage de ce qu'il possédait une pareille femme » (p. 73). Charles tire toute sa fierté de sa femme et non pas de lui-même. N'est-ce pas là un signe de médiocrité et de faiblesse ?

> Craignant beaucoup de tuer son monde, Charles, en effet n'ordonnait guère que des potions calmantes, de temps à autre de l'émétique, un bain de pieds ou des sangsues (p. 96).

Cette phrase porte un regard ironique sur la pusillanimité[1] de Charles.

---

1. Pusillanimité : lâcheté, couardise.

Emma reçoit régulièrement une lettre de Rodolphe « qu'elle accusait toujours d'être trop courte » (p. 220). Cette remarque est présentée comme un détail accessoire pour Emma mais elle est en fait, pour le lecteur, une preuve de l'indifférence de Rodolphe.

**La scène des Comices** (2e partie, chapitre VIII) peut être envisagée comme le parangon ou la scène — modèle des procédés ironiques : elle est burlesque par le rapprochement entre le milieu agricole et la scène de séduction. Les mots prennent un double sens implicite. « Fumiers » (p. 203), par exemple, se charge du sens dénoté du vocabulaire agricole et du sens connoté qui en fait une injure subrepticement adressée à Rodolphe.

> Bouilhet prétend que ce sera la plus belle scène du livre (les Comices). Ce dont je suis sûr, c'est qu'elle sera neuve et que l'intention en est bonne. Si jamais les effets d'une symphonie ont été reportés dans un livre, ce sera là ! *Il faut que ça hurle par l'ensemble*, qu'on entende à la fois des beuglements de taureaux, des soupirs d'amour et des phrases d'administrateurs. (À Louise Colet, 12 octobre 1853).

# L'ŒUVRE À L'EXAMEN

## I. LES ÉPREUVES ÉCRITES

### A. La dissertation littéraire

> « Il est dans le génie flaubertien de préférer à l'événement son reflet dans la conscience, à la passion le rêve de la passion, de substituer à l'action l'absence d'action et à toute présence un vide » (Rousset, *Forme et signification*, Paris, Corti, 1962, p. 133).
> Cette affirmation peut-elle être illustrée par *Madame Bovary* ?

#### INTRODUCTION

La critique a fait de *Madame Bovary* tantôt un roman de mœurs à vocation réaliste et satirique d'une société bourgeoise abhorrée, tantôt un roman psychologique où Flaubert s'évertue à « disséqu(er) les passions et (à) fai(re) l'autopsie du cœur humain » (Maxime Du Camp). S'éloignant de ces visions simplistes et forcément partielles, J. Rousset écrit qu'« Il est dans le génie flaubertien de préférer à l'événement son reflet dans la conscience, à la passion le rêve de la passion, de substituer à l'action l'absence d'action et à toute présence un vide ». La complexité de cette affirmation, qui se cache sous une apparente régularité syntaxique, ne peut être élucidée qu'après en avoir saisi la tonalité ; il ne s'agit nullement d'une critique. Au contraire, Rousset avance sans ambiguïté une preuve du savoir-faire du romancier. Mieux encore, la notion de « génie » laisse supposer qu'il s'agit quasiment d'une gageure pour l'écrivain. En effet, tous les éléments de « substitution » cités développent la même idée d'abstraction ; dès lors, comment un écrivain pourrait-il construire un roman sur le « reflet » d'événements, sur « le rêve de la passion », sur « l'absence d'action », sur « un vide » ? Il faut être sensible d'emblée à ce paradoxe d'un roman tout entier réfléchi dans la pensée des personnages, qui se résumerait à un vide essentiel. Il faut enfin s'interroger sur le sens du verbe « préférer » qui indique un choix délibéré dont il faut chercher les motivations mais aussi les implications.

Comment Flaubert a-t-il réussi à construire un roman de l'intérieur, autrement dit un roman qui intériorise le monde extérieur et un roman qui permet une approche de l'univers intérieur des personnages ? Quelle peut être l'intention de Flaubert ? Cette manière de présenter le monde extérieur n'est-elle pas une façon de le mettre à distance et de stigmatiser le hiatus entre les désirs des personnages et la réalité ? Ne sert-elle pas un projet satirique ? Enfin, cette analyse nous entraîne à une réflexion sur l'écriture même d'un roman et sur cette écriture du vide proche de l'entreprise poétique.

## DÉVELOPPEMENT

### PREMIÈRE PARTIE : UN ROMAN DE L'INTÉRIEUR

### 1 - Un monde intériorisé

Ne nous méprenons pas sur les propos de J. Rousset lorsqu'il parle d'« absence d'action ». Il serait erroné de soutenir qu'il ne se passe rien dans *Madame Bovary*. Au contraire, le roman est riche d'événements mais qui se trouvent constamment réfléchis par le point de vue des personnages. Chacun est ainsi vécu de l'intérieur, comme approprié par le personnage qui le module à sa guise. Le narrateur, omniscient dans *Madame Bovary*, passe par le relais de ses créatures pour rendre compte de tout ce qui se passe, que ce soit à l'échelle de la société ou à l'échelle des individus. Des événements historiques sont évoqués par l'entremise de M. Homais par exemple qui fait allusion aux événements de Pologne, à une épidémie de choléra, à l'inondation de Lyon (p. 113). Les mutations économiques que connaît la France sous la monarchie de Juillet transparaissent à travers le discours du conseiller municipal, Lieuvain, lors de la scène des Comices. Celui-ci nous apprend que la culture du lin « a pris dans ces dernières années un accroissement considérable » (p. 199) et dresse un panorama complet où chaque catégorie sociale trouve sa place. Il est rare que le narrateur adopte son propre point de vue pour décrire et, quand il le fait, la valeur symbolique, toujours décelable dans le contexte narratif où la description s'insère, brouille toute prétention à l'objectivité et à une description de l'extérieur, comme lorsqu'il décrit Yonville au début de la deuxième partie.

La présentation des événements collectifs toujours subordonnée à un point de vue fictif évite l'effet de toile de fond pour fondre au contraire les personnages et le monde où ils se trouvent.

Parallèlement et *a fortiori*, tous les événements qui touchent à la vie privée des personnages sont placés sous le faisceau de leurs regards, puisque la focalisation interne est prédominante dans ce roman. Quelquefois même, différents points de vue se croisent et se contredisent sur un même événement : le mariage de Charles et d'Emma, par exemple, est envisagé comme une bonne affaire par le père Rouault, comme une source de bonheur par Charles, comme une catastrophe irréparable par Emma. Charles, comme Emma, fait le bilan de son existence en comparant l'avant et l'après-mariage. Emma, elle, aura aussi à peser le pour et le contre de ses adultères, aboutissant au terme de sa réflexion à un constat d'échec toujours répété. Le monde extérieur est ainsi fragmenté, diffracté et perd de sa réalité au bénéfice de la vie intérieure des personnages. La réalité n'est pas univoque mais le réel résulte du regard qu'on lui porte.

### 2 - La vie intérieure des personnages

Les analyses des événements par les personnages s'expriment dans les monologues intérieurs qui ne remplissent pas la fonction dramatique qu'ils avaient avant le XIX$^e$ siècle aboutissant le plus souvent à la résolution d'un dilemme et à la prise d'une décision. Au contraire, ils sont voués dans *Madame Bovary* à un retour sur soi, à une plongée dans l'intériorité. Ils éclairent la vie intérieure des personnages, leur psychologie. Les caractères des personnages se révèlent par ce biais ainsi que leur évolution au cours du roman. Les monologues narrativisés au discours indirect libre sont plus nombreux pour Charles et surtout pour Emma. Ce sont essentiellement les fantasmes d'Emma qui sont révélateurs de son caractère, par exemple lorsqu'elle se perd en une rêverie romantique de l'ailleurs, se réveillant aux côtés de Charles en d'autres rêves : « Au galop de quatre chevaux, elle était emportée depuis huit jours vers un pays nouveau, d'où ils ne reviendraient plus » (Deuxième partie, chapitre XII). Ce récit d'un rêve éveillé reprend tous les clichés romantiques et insiste sur la mièvrerie d'Emma. Les faits tangibles passent aussi par le monologue intérieur : ainsi en est-il de l'évolution de la relation d'Emma avec Léon qui glisse de l'admiration béate au dégoût désabusé et se traduit dans plusieurs monologues intérieurs successifs.

L'univers est ainsi intériorisé par les procédés de la focalisation interne ; tout événement se reflète dans la conscience des personnages. Ce mouvement d'introspection tend à placer le monde dépeint à distance du narrateur. Ce recul joue en faveur d'une intention satirique.

### DEUXIÈME PARTIE : LE PROJET SATIRIQUE

### 1 - Le hiatus entre rêve et imaginaire

La réalité fait pâle figure aux côtés des rêves des personnages. Emma surtout sublime la réalité que ce soit par projection dans un irréel tout hypothétique ou que ce soit en revivant des souvenirs déformés par la distance temporelle. « Le souvenir est l'espérance renversée. On regarde le fond du puits comme on a regardé le sommet de la tour » (*Carnets de travail*, éd. par Pierre-Marc Biasi, Paris, Balland, 1988, p. 141).

La vie d'Emma est subvertie par ses désirs : elle projette une image du mari idéal sur le médiocre Charles :

> Que ne pouvait-elle s'accouder sur le balcon des chalets suisses ou enfermer sa tristesse dans un cottage écossais, avec un mari vêtu d'un habit de velours noir à longues basques, et qui porte des bottes molles, un chapeau pointu et des manchettes ! (p. 71).

Son imagination sélective déforme les souvenirs qu'elle a de Léon, faisant de lui un composite de caractères délicieux et hétéroclites :

> Mais, en écrivant, elle percevait un autre homme, un fantôme fait de ses plus ardents souvenirs, de ses lectures les plus belles, de ses convoitises les plus fortes (p. 371).

Elle adapte le monde à ses désirs mais seulement sur le mode du virtuel. La vie paraît dérisoire et décevante parce qu'Emma ne fait que rêver ses passions. Sa vie n'est faite que de souvenirs, de regrets, qui s'expriment au conditionnel passé (p. 76), de rêves d'existences parallèles, comme avec le ténor Lagardy (p. 294). Le présent est éludé :

> Le passé, l'avenir, les réminiscences et les rêves, tout se trouvait confondu dans la douceur de cette extase (p. 307).

La primauté est donnée au temps de l'imaginaire qui immobilise le roman.

### 2 - Mise à distance du monde extérieur

L'attitude de Flaubert paraît ambiguë. Si la satire de la bourgeoisie qu'incarne Homais est sans ambiguïté, la situation est moins claire concernant Emma et ses rêves. Certains aspects d'Emma Bovary sont déplaisants et traités sur le mode ironique, comme sa naïveté à toute épreuve qui l'entraîne d'erreur en erreur. Mais ce qui est peut-être encore plus critiqué, c'est l'inadéquation entre le monde et ses désirs d'idéal. Emma est éprise d'absolu et seul le monde bourgeois qui l'entoure, borné et matérialiste, freine ses aspirations. C'est peut-être davantage la société qui est à blâmer parce qu'elle est incapable de répondre aux souhaits d'Emma que le personnage qui en demanderait trop. Homais qui se complaît dans la société où il vit n'a pas besoin, lui, de rêver et aucun monologue intérieur, de fait, ne lui est attribué. Emma Bovary est peut-être aussi le personnage vecteur d'un droit revendiqué au rêve. Flaubert reconnaissait à son personnage une dimension pathétique :

> Ce sera, je crois, la première fois que l'on verra un livre qui se moque de sa jeune première et de son jeune premier. L'ironie n'enlève rien au pathétique ; elle l'ouvre au contraire. (À Louise Colet, 9 octobre 1852).

Flaubert fait aussi, à travers son roman, le portrait d'une génération conservatrice et passive, sous la monarchie de Juillet. Dans la fiction de *Madame Bovary*, la vie dans le monde parallèle des rêves ou des souvenirs conduit à la négation de l'action. Les personnages n'ont aucune prise sur les événements, le déterminisme de leur éducation conditionnant toute leur vie. Le roman mime l'univers spatio-temporel où son intrigue est située, dans un souci de vraisemblance.

Au-delà de l'entreprise satirique ou ironique sur laquelle les critiques ont beaucoup insisté, il faut voir dans cette prédilection pour « l'absence d'action », pour le vide, une originalité qui caractérise le génie de Flaubert.

### TROISIÈME PARTIE : UNE ÉCRITURE DU VIDE

### 1 - Originalité de Flaubert

Flaubert refuse le romanesque facile qui repose sur des héros, des êtres d'exception confrontés à des situations uniques. Les personnages de *Madame Bovary*, au contraire, sont tous des personnages médiocres que l'on découvre progressivement au cours du récit. Le monde proposé veut être à l'image d'une vie quotidienne de province, qui se déroule sans explosion, comme un flux continu. L'impression de vide de l'existence est rendue par l'usage des figures de la répétition où s'enlise le roman. Sa structure générale est cyclique, se refermant après la parenthèse de la vie d'Emma. Tout événement se dissout dans le martèlement entêtant de la répétition. L'emploi de l'imparfait itératif* fige très souvent les actions des personnages.

Mais comment peindre l'ennui, le vide sans ennuyer malgré tout le lecteur ? La tension dramatique est sans cesse maintenue. L'alternance entre les scènes et les sommaires* entretient l'intérêt du lecteur et provoque la rencontre entre des scènes, temps forts du récit, parfois éloignées dans le temps fictionnel. L'attention du lecteur est sans cesse relancée. Tout au long de la scène des Comices, par exemple, le lecteur est tenu en haleine pour suivre les progrès de la séduction de Rodolphe. La scène de l'agonie d'Emma encore est vécue au plus près du personnage et connaît des péripéties, comme l'arrivée des docteurs Canivet puis Larivière dont le portrait retient dramatiquement l'action.

Des procédés d'écriture ont pour visée d'écrire la déception, ce vide entre le rêve et le réel. C'est l'art du raccourci syntaxique, par exemple, qui est mis en évidence lorsqu'Emma accouche d'une fille alors qu'un long paragraphe a fait part au lecteur de son désir d'avoir un garçon.

> Elle accoucha un dimanche, vers six heures, au soleil levant.
> — C'est une fille ! dit Charles.
> Elle tourna la tête et s'évanouit (p. 130).

L'absence de commentaires de la part du narrateur accentue cet abîme qui sépare rêve et réel. Un autre exemple est fourni par l'épisode de la visite à la filature de lin. Emma se perd dans ses rêves brumeux avant que le visage de Charles ne la ramène brutalement à la réalité :

> Elle regardait le disque du soleil irradiant au loin, dans la brume, sa pâleur éblouissante ; mais elle tourna la tête : Charles était là (p. 145-6).

Le silence dans *Madame Bovary* est la meilleure illustration de ce vide que l'on s'efforce de décrire et qui rapproche le roman de l'entreprise poétique.

### 2 - L'interprétation poétique

La parole de l'absence : ne serait-ce pas la meilleure définition de la poésie illustrée par *Madame Bovary* ? N'est-elle pas contenue dans ce projet célèbre de Flaubert qui écrit à propos de *L'Éducation sentimentale* qu'il souhaite composer « un livre sur rien, un livre sans attache extérieure, qui se tiendrait de lui-même par la force interne de son style » (À Louise Colet, 16 janvier 1852) ? La poésie se caractérise en effet par son autonomie par rapport au monde de référence et par sa visée autotélique autrement dit par le fait qu'elle n'a d'autre but qu'elle-même. *Madame Bovary* est un roman qui crée son univers et qui manifeste cette perpétuelle recherche du mot juste tout en se heurtant constamment à l'indicible. L'intensité de la scène de l'adultère avec Rodolphe dans la forêt est rendue par le silence du narrateur comme des personnages. La parole est donnée aux bruissements poétiques de la nature :

> Le silence était partout ; quelque chose de doux semblait sortir des arbres (p. 217).

Comme en poésie, tout élément de l'univers créé devient signifiant.

### CONCLUSION

La nouveauté de *Madame Bovary* réside, pour une part, dans son traitement particulier du monde extérieur, toujours passé au « laminoir » des consciences. La primauté accordée au rêve est un moyen de stigmatiser ce hiatus irréductible mais profondément humain entre le réel et l'imaginaire. Le paradoxe d'un roman du vide est résolu par des procédés d'écriture particuliers qui touchent à la macrostructure du roman comme aux plus petites unités syntaxiques. La tension dramatique est constamment maintenue d'une scène à l'autre et les raccourcis syntaxiques sont une manière de transcrire le vide, l'abîme entre l'homme et le monde. Le projet de Flaubert ne pourrait-il pas se confondre avec l'entreprise poétique qui rêve de créer une œuvre sans attache extérieure et tout entière condensée en une réflexion sur l'indicible ?

## B. Autres sujets de dissertation

**Sujet 1** : Votre expérience de la littérature vous permet-elle de justifier cette affirmation de Flaubert : « Le seul moyen de supporter l'existence, c'est de s'étourdir dans la littérature comme dans une orgie perpétuelle. » (Flaubert, Lettre à Mlle Leroyer de Chantepie, 4 sept. 1858) ?

**Sujet 2** : Commentez ce jugement de Maxime Du Camp d'après votre lecture de *Madame Bovary* : « On a dit de Flaubert qu'il était un réaliste, un naturaliste ; on a voulu voir en lui une sorte de chirurgien des lettres disséquant les passions et faisant l'autopsie du cœur humain ; il était le premier à en sourire : c'était un lyrique. » (Maxime Du Camp, *Souvenirs littéraires*, (1822-1894), Paris, Hachette 1962, p. 27).

**Sujet 3** : Analysez et discutez cette réflexion d'un critique contemporain : « Il court deux bruits sur Flaubert : tantôt il est l'homme de l'impassibilité, tantôt il est l'homme de l'ironie, toujours en tout cas celui qui raconte à distance. Pourtant, ses romans tiennent aussi un autre langage, poétique celui-là. » (Philippe Dufour, *Flaubert ou la prose du silence*, Paris, Nathan, 1997, 4e de couverture).

## II. L'ORAL

## A. Un exemple de « monologue narrativisé » attribué à Charles

> **De « Jusqu'à présent » à « livres », première partie, chapitre V (p. 62-63)**

Charles et Emma sont jeunes mariés mais déjà la désillusion s'installe dans l'esprit d'Emma tandis que Charles nage dans un bonheur parfait. Nous avons affaire ici à un couple romantique perverti : ce cliché est dénoncé par le biais du cloisonnement, dans deux paragraphes distincts, des deux personnages qui font, chacun, le bilan de sa situation en comparant l'avant et l'après-mariage. Cet extrait joue sur une esthétique du contraste et de l'opposition.

## 1 – CHARLES OU L'ÉTROITESSE DE L'ESPACE CONFINÉ

### a - Dimension temporelle de son bilan

Son bilan bute en permanence sur les limites d'un espace confiné. Dès la première phrase, le mot « dans » paraît retrouver son sens de préposition de lieu pour compléter un complément temporel (« jusqu'à présent, qu'avait-il eu de bon dans l'existence »). Le fonctionnement est similaire ensuite quoique plus développé (« son temps de collège, où il restait enfermé entre ces hauts murs, seul au milieu de ses camarades ») : l'adverbe relatif de lieu complète là encore un groupe de sens temporel et l'emprisonnement de Charles est signifié par la syntaxe même qui fait se succéder deux compléments attributifs de « il ». La vie de Charles continue à être étouffée par la veuve dont le souvenir se résume à ses pieds froids « dans le lit ». Enfin, son horizon est limité avec Emma « au tour soyeux de son jupon ». La forme de cette phrase signifie plutôt un espace borné que l'intimité et l'exclusivité de l'amour fou. La litote* employée (le verbe à la forme négative « n'excédait pas » au lieu d'un verbe comme « se réduisait ») équivaut à une affirmation renforcée appréciative. Une pointe ironique peut être perçue si on compare l'expression à une autre éventuelle telle « le tour de son jupon soyeux » : l'hypallage* de l'adjectif et la mise au premier plan du mot « tour », alors que « jupon » est le terme principal, établit un parallèle allusif et ironique avec le tour du monde, dont le rapprochement est facilité par la proximité du mot « univers ».

L'imparfait employé emprisonne l'action dans la répétition ou dans le continu descriptif. Lorsque la conjonction « mais » associée à la seconde occurrence de « à présent » apparaît dans le texte, on pourrait s'attendre à l'irruption d'un événement ponctuel mais il n'en est rien ; l'imparfait reprend comme s'il ne s'était rien passé. L'imparfait est également présent pour décrire des actions répétées et toujours identiques « il se reprochait, il avait envie, il s'en revenait, montait, il arrivait, il la baisait dans le dos ». L'imparfait enfin souligne le point de vue de Charles même si une ambiguïté plane toujours : « avec la veuve, dont les pieds, dans le lit étaient froids comme des glaçons » ; cette phrase peut être envisagée comme du discours indirect libre.

### b - Répétition et simplicité

Le texte commence par une série de questions qui se répondent comme pour dénoncer une existence vide et un bilan négatif de la vie de Charles. Le vocabulaire employé est simple comme la phrase inaugurale qui use de l'adjectif « bon » ou la phrase suivante avec l'expression quasi lexicalisée « son temps de collège ». Charles n'a tiré aucun profit de cette époque d'apprentissage.

## 2 – EMMA ET CHARLES

### Des tonalités différentes, des lexiques divergents

Un paragraphe beaucoup plus court est consacré à Emma. Charles est deux fois sujet d'une phrase mais à l'état de « patient » : d'abord dans l'expression « faisait rire par son accent » qui suppose une action involontaire (on rit aux dépens de Charles), ensuite dans celle-ci « ne pouvait se retenir » qui implique une force supérieure qui gouverne Charles et le prive de son libre arbitre.

Le discours d'Emma est caractérisé, lui, par l'irréel : « avait cru avoir de l'amour », « aurait dû » (l'idée d'obligation est invalidée par le conditionnel passé) ; « il fallait qu'elle se fût trompée » (le subjonctif plus-que-parfait sonne comme le temps des bilans et des désillusions).

À travers ces modalités, peut se lire le regard ironique du narrateur sur Charles, être faible dénué de toute force agissante et sur Emma dont la logique apparaît autoritaire et naïve. L'accent est mis sur des constructions logiques trop rigoureuses « le bonheur qui aurait dû résulter de cet amour n'étant pas venu, il fallait qu'elle se fût trompée ». Le verbe « résulter » paraît inapproprié dans le contexte puisqu'il dénote une rationalité hors de propos dans le domaine affectif évoqué. Enfin, la périphrase verbale « cherchait à savoir » est intellectuelle et amorce un champ lexical à l'opposé de celui qui caractérise le sommaire de Charles. Cette question indirecte d'Emma s'oppose aux questions spontanées et directes qui ouvrent l'extrait.

Le vocabulaire d'Emma est dominé par l'abstraction avec des termes comme « félicité, passion, ivresse » marqués comme du discours importé par le biais des italiques : ces mots appartiennent au discours littéraire, livresque ; le complément qui clôt le chapitre « dans les livres » fait pendant au complément inaugural du texte attribué à Charles « dans l'existence », pour dénoncer l'antagonisme foncier et irréductible entre les époux.

Le vocabulaire de Charles en effet est dominé par le concret : le cliché romantique de l'amour « pour la vie » est aussitôt perverti par le lexique de la possession « adorer, revoir, baiser ». Le verbe « baiser » apparaît trois fois sous sa forme verbale ou nominale comme si Charles déclinait mécaniquement tout un paradigme*. Le motif de l'amour ou des relations amoureuses est associé à celui de l'argent dès son adolescence : « il n'avait jamais la bourse assez ronde pour payer la contredanse » : la tournure métonymique* (ou métalepse : la cause pour l'effet) entraîne une période où les groupes se suivent pour former une longue chaîne de cause à conséquence quelque peu malsaine. Le subjonctif (« qui fût devenue sa maîtresse ») note la velléité alors que pour Emma, ce mode note la désillusion. L'amour de Charles pour Emma tourne à l'idolâtrie, au fétichisme : la possession affective est remotivée en possession matérielle ; les trois femmes évoquées sont dépersonnalisées, « quelque petite ouvrière », expression qui nomme un statut social, « la veuve », « cette jolie femme ».

### CONCLUSION

Le texte s'immobilise, les personnages s'enlisent dans l'habitude et sont situés dans deux sphères sémantiques opposées : Charles appartient au monde matériel, il est incapable d'agir ; Emma évolue dans un univers imaginaire et abstrait. De fait, toute communication est impossible, tout avenir est compromis. Les personnages vivent côte à côte à l'image des deux sommaires qui se suivent et sont consacrés chacun à un personnage. Aucune passerelle n'est ménagée entre les deux, aucun pluriel conciliateur n'apparaît.

*Questions pour l'entretien*

1) Comment s'exprime l'opposition des deux personnages ?
2) Quels sont les éléments annoncés dans cet extrait qui vous paraissent déterminants pour la suite du roman ?

## B. Un exemple de « monologue narrativisé » attribué à Emma

De « Elle songeait quelquefois » à « qu'elle lui donnait », première partie, chapitre VII (p. 71-72)

Un couple bien mal assorti ou des lendemains de noce qui déchantent.

Peu de temps après son mariage, Emma déchante et regarde avec mépris Charles. L'extrait au discours indirect libre dresse indirectement un portrait d'Emma tout en présentant Charles à travers son point de vue.

#### 1 – PORTRAIT D'EMMA

#### a - Le point de vue

C'est le point de vue d'Emma qui est adopté. Le choix de cette perspective est annoncé d'emblée par le verbe initial « songeait » et réaffirmé ensuite par des expressions comme « il lui semblait ». Le discours indirect libre permet encore de rendre compte des pensées d'Emma : « Que ne pouvait-elle... ». Celui-ci, reconnaissable à l'emploi de l'imparfait, permet de transcrire le regret du personnage.

#### b - Une âme romantique

Emma est imbue de clichés, de stéréotypes sur ce qu'on appelle la « lune de miel » et sur le mari idéal. La référence au lieu commun de la lune de miel est explicitée par l'incise de portée générale « comme on disait ». Ce cliché est associé à un rêve de voyage exotique (« ces pays à noms sonores »), à un rêve pastoral et mièvre (« routes escarpées, clochettes des chèvres, cascade »). Le « soleil couchant », cliché romantique par excellence, éclaire forcément sa rêverie.

L'image du mari idéal est associée au luxe du vêtement (« vêtu d'un habit de velours noir à longues basques, et qui porte des bottes molles, un chapeau pointu et des manchettes »). Les qualités dont il doit être gratifié trahissent la naïveté d'Emma ; elles sont énumérées dans le dernier paragraphe selon un rythme ternaire privilégié par l'écriture romantique : trois infinitifs se suivent (« tout connaître, exceller, vous initier ») et le dernier régit lui-même une série de trois compléments.

### 2 – UNE ÉPOUSE INSATISFAITE

Emma souffre de la non-coïncidence entre les poncifs romantiques de ses rêves et la réalité.

### a - Charles est celui par qui la désillusion arrive

Son portrait est dressé en négatif. La locution « au contraire » donne le ton au dernier paragraphe. Les formes négatives abondent (« ni, ne, rien »).

### b - La communication impossible

Le mépris d'Emma confine à la haine : « celui-là » prend une connotation péjorative. « Elle lui en voulait » de son aveuglement niais. Emma rêve d'étoiles, Charles s'englue dans la banalité.

### 3 – LE REGARD IMPLICITE DU NARRATEUR

### a - L'omniscience

Le narrateur sait tout de ses personnages et de leur intériorité.

### b - Le regard narquois

Il se porte :

Sur les clichés romantiques mêmes : la lune de miel entraîne tout un vocabulaire de la douceur.

Sur Emma et sa naïveté : une vague théorie des climats paraît énoncée selon laquelle certains lieux produisent certains effets. L'expression hyperbolique d'Emma est soulignée comme excessive. Elle reproche à Charles la méconnaissance d'un « terme d'équitation », terme technique ; le segment est détaché en fin de phrase, « et il ne put », alors que l'ignorance de Charles est excusable dans ce cas.

Sur Charles : le regard narquois du narrateur se manifeste par le biais de l'image du « trottoir » qui dévalorise les propos habituels de Charles ; l'image fait sourire parce qu'elle repose sur un double emploi de l'adjectif « plate » d'abord employé dans son acception figurée (associé à « conversation »), puis réutilisé dans son sens propre (associé à « trottoir »). L'image suivante joue sur le même glissement de l'abstrait au concret : « les idées de tout le monde y défilaient dans leur costume ordinaire ».

Les images choisies par le narrateur s'adaptent ironiquement aux personnages et à leur attitude.

### CONCLUSION

L'extrait lance l'histoire d'un aveuglement réciproque : Emma est aveuglée par ses rêves irréalisables, utopiques. Charles est aveuglé par l'amour béat qu'il porte à sa femme et qu'il croit partagé. Tous deux manquent la réalité. Un couple voué à l'échec, irrémédiablement compromis, parce que ses partenaires sont aux antipodes l'un de l'autre, est présenté.

*Questions pour l'entretien*

1)    Pourquoi Flaubert utilise-t-il le discours indirect libre dans cet extrait ?
2)    Qu'est-ce qui est raillé à travers le personnage d'Emma dans *Madame Bovary* ?
3)    Comment sont présentés les personnages dans le roman ? Des portraits sont-ils dressés ?

## C.   Un exemple de scène : le bal à la Vaubyessard

> De « Quelques hommes » à « perdues », première partie, chapitre VIII (p. 84)

La vie de Charles et d'Emma s'enlise dans les habitudes ; Emma commence à s'ennuyer lorsqu'une invitation du marquis d'Andervilliers, soigné par Charles, tombe dans sa vie comme « quelque chose d'extraordinaire » (p. 77). Au château de la Vaubyessard, les festivités commencent et Emma est entraînée dans une danse qui lui permet d'admirer, « au rythme de l'orchestre », les personnes qui se trouvent autour d'elle. L'originalité de l'extrait réside dans un jeu de regards croisés. Emma regarde les autres mais parallèlement elle est placée sous le regard ironique du narrateur, qui a tout loisir d'observer à la fois le regardant et le regardé.

### 1 – LE MODE DE NARRATION : QUI VOIT ?

#### a - Le double point de vue

L'essentiel du texte paraît adopter le point de vue d'Emma mais le regard du narrateur est toujours sous-jacent. C'est la technique du double point de vue qui est illustrée ici : au regard naïf et émerveillé d'Emma se superpose le regard lucide et ironique du narrateur.

La conjonction « et » (« et, à travers leurs manières douces ») joue le rôle d'un pivot : en apparence, le rattachement est anodin entre deux propositions situées de part et d'autre mais ce « et » fait basculer le texte d'un point de vue à l'autre. En dépit d'une analogie syntaxique (l'inversion sujet/verbe : « dans leurs regards indifférents flottait » / « à travers leurs manières douces, perçait »), des changements sont perceptibles : le rythme (une période* commence où s'enchâssent des relatives) et la tonalité (« flottait » dénote une mollesse inoffensive, « perçait » implique une hostilité foncière) changent. En fait, « et » se charge d'une valeur adversative synonyme de « mais » comme si le narrateur démystifiait la vision illusoire d'Emma.

### b - La vision d'Emma

Elle se reconnaît à la modalisation* (« semblaient », « avaient l'air jeune »), au parcours du regard d'Emma qui danse. Au début, les personnages sont immobiles (« disséminés, causant » sont deux emplois du mode impersonnel qui impriment à la description la fixité d'une « prise de vue »). Puis, les notations suivent un mouvement de bas en haut (les habits, les cheveux, le teint) avant de se focaliser sur les visages, à hauteur d'Emma. Le regard d'Emma s'élève vers le haut au sens propre et figuré puisqu'elle voit des nobles autour d'elle.

Sa vision est sublimée : les comparatifs sans membre comparant exprimé touchent à l'absolu en glissant vers le sens d'un superlatif (« mieux faits », « plus fines », « plus souples ») : tout repose sur l'imagination d'Emma qui préjuge de qualités tactiles des vêtements par le seul regard. Les noms, les adjectifs employés développent l'idée de luxe, de qualité (« exquises », au sens étymologique de « recherchée », « moires de satin, verni des beaux meubles », expressions toutes deux métonymiques* qui désignent des objets en les réduisant à leur apparence brillante). Cet emploi de métonymies* conduit à une abstraction des dénominations encore démontrée par le syntagme* « le teint de la richesse » qui joue sur une métalepse (ils sont riches donc ils ont le teint blanc).

### 2 – CEUX QUE L'ON VOIT

### a - Une vision fragmentaire

Ils sont dépersonnalisés. Ils se distribuent au gré de ce qu'Emma remarque d'eux. L'imprécision les entoure : leur âge est indécidable (la fourchette proposée est large, « de vingt-cinq à quarante ans »).

### b - Une pluralité unitaire

Le jeu entre le pluriel et le singulier fait d'eux un groupe indifférencié : « Quelques hommes [...] se distinguaient de la foule par un air de famille, quelles que fussent leurs différences d'âge, de toilette, ou de figure ». Le pluriel « quelques » s'oppose au singulier « foule » mais ce nom renvoie lui-même à une collectivité imprécise et connotée défavorablement. Cette ouverture annonce une originalité, des signes distinctifs et particuliers aussitôt contredits : ces hommes se détachent du groupe pour se fondre dans un autre ensemble soudé par un « air de famille ». Le mot « famille » est un nouveau nom collectif, plus restreint et impliquant une homogénéité. Dès lors, le pluriel est sans cesse confronté à un singulier : « leurs habits/d'un drap plus souple, ils avaient/le teint de la richesse comme une couleur uniforme, ils s'essuyaient/une odeur suave, ceux qui commençaient/l'air jeune, leurs regards/leur quiétude ». Un chiasme* signale des caractères interchangeables : « ceux qui commençaient à vieillir avaient l'air jeune, tandis que quelque chose de mûr s'étendait sur le visage des jeunes ». Les classes d'âge se fondent en faveur d'une plus grande homogénéité.

### 3 – LE REGARD DU NARRATEUR SUR LA VISION D'EMMA, SUR CEUX QU'ELLE VOIT

#### a - Sur la vision d'Emma

Des formules modalisatrices* ne sont pas rapportées explicitement à leur source (« semblaient » au lieu de « lui semblaient », « avaient l'air ») : une incertitude est simulée entre le point de vue d'Emma et celui du narrateur, même si le décodage est assuré par le lecteur sensible aux incohérences de certains énoncés ou à leur caractère hyperbolique : « ce teint blanc que rehaussent la pâleur des porcelaines, les moires du satin », « qu'entretient dans sa santé un régime discret de nourritures exquises ». L'emploi du présent dans ces tournures semble présenter les énoncés comme incontestables, dénotant une vérité intemporelle alors que les démonstratifs renvoient exclusivement à la perception d'Emma.

#### b - Sur les autres : une unité qui confine au conformisme

Avec le mot « disséminés », ces hommes paraissent répartis çà et là de façon parcimonieuse et intentionnelle, pour contribuer à l'harmonie d'un tableau. Flaubert joue sur le mot « indifférents » : par remotivation étymologique, serait-il synonyme de « indifférenciés » ? L'article indéfini enfin table sur l'indétermination dans les expressions suivantes : « des cravates basses, des cols rabattus ».

#### CONCLUSION

Ce texte présente une structure inclusive qui repose sur l'entrelacs des regards. Le lecteur reste finalement à un poste d'observation privilégié bénéficiant de la vision la plus étendue. C'est une scène qui illustre la technique du double point de vue chère à Flaubert et qui, en dénotant l'admiration béate d'Emma pour ce monde luxueux, amorce le bouleversement indélébile qui marque désormais sa vie. La visite à la Vaubyessard « avait fait un trou dans sa vie, à la manière de ces grandes crevasses qu'un orage, en une seule nuit, creuse quelquefois dans les montagnes » (p. 90).

### Questions pour l'entretien

1)   Quelle est l'importance de cette scène dans l'intrigue de *Madame Bovary* ?

2) D'une façon générale, quel rôle joue une scène dans la structure d'un roman ?

3) De quelle autre scène peut-on rapprocher le bal à la Vaubyessard ?

4) Comment identifie-t-on la « technique du double point de vue » et à quoi sert-elle ?

## D. Un exemple de scène dialoguée

> De « Ô c'est que je t'aime » à « malvoisie », deuxième partie, chapitre XII (p. 253-254)

Six mois après le début de sa liaison avec Rodolphe, Emma se rend compte de l'indifférence grandissante de son amant à son égard ; elle est prise alors de remords quand elle reçoit une lettre de son père. Mais l'échec de l'opération du pied-bot la détourne définitivement de Charles vers qui elle avait des velléités de retour et la rejette dans les bras du séducteur Rodolphe. La scène proposée ici a cette particularité d'être présentée sur le mode itératif*, comme un exemple de scènes toujours identiques entre les deux amants.

### 1 – ENTRELACS DES VOIX NARRATIVES (DISCOURS ET NARRATION, VOIX DU PERSONNAGE, VOIX DU NARRATEUR)

#### a - L'alternance discours/narration

Elle structure le texte et lui donne son dynamisme. Le discours direct d'Emma est enfermé dans la trame narrative par l'incise « reprenait-elle » dont la temporalité prend pour point de repère le temps de la narration et non plus le présent d'énonciation du locuteur. L'enfermement du personnage est encore renforcé par le fait que ce discours même inclut d'autres propos rapportés d'Emma. Cette auto-citation est signe de l'attitude obsessionnelle du personnage. Les pensées de Rodolphe sont rapportées également au discours direct sans démarcation mais l'incise « pensait-il » identifie sans ambiguïté le locuteur. La narration prédomine. Si Emma est volubile et se perd en exclamations exaltées, Rodolphe demeure silencieux et imperturbable, ne partageant pas l'enthousiasme de sa maîtresse. Au dernier paragraphe, les réactions de Rodolphe sont évaluées par le narrateur.

#### b - La voix du personnage, Rodolphe

Elle est parfois clairement identifiable grâce aux incises qui dénotent l'omniscience du narrateur. D'autres fois, l'ambiguïté demeure à cause du présent apte à exprimer toutes les époques et qui induit une distanciation par rapport au contexte de la fiction où se situent les personnages, par exemple dans l'expression : « qui a toujours les mêmes formes et le même langage ». L'emploi du participe présent est similaire : « les discours exagérés cachant les affections médiocres », « le charme de la nouveauté tombant ». L'incertitude temporelle qui naît de l'emploi de ces formes verbales rejaillit sur l'identité du locuteur. Le lecteur ne peut savoir si le narrateur traduit les pensées de Rodolphe ou bien s'il propose simplement son propre jugement.

Une même remarque pourrait être faite sur l'emploi de l'imparfait qui décrit une action aux bornes temporelles forcément floues « Emma ressemblait à toutes les maîtresses ». S'agit-il d'une réflexion de Rodolphe ou d'une analyse faite par le narrateur ?

### c - La voix du narrateur

Elle vise à la généralisation (« puisque personne, jamais, ne peut donner l'exacte mesure de ses besoins… »), employant le présent omnitemporel ou gnomique ou encore des pronoms impliquant une pluralité indéfinie comme « nous » (« où nous battons des mélodies à faire danser les ours ») qui inclut tout lecteur potentiel et de fait l'humanité tout entière. Le pronom « on » fonctionne comme reprise du « nous » (« quand on voudrait attendrir les étoiles ») tout en se chargeant du regard ironique du narrateur, qui est moins explicitement inclus dans ce « on ». La distanciation est plus grande et accentue la distorsion entre le but visé et le résultat. « Quand » appuie la discordance entre le rêve et le réel.

### 2 – COMMENT SE MANIFESTE L'IRONIE DU NARRATEUR ?

### a - Les discordances lexicales ou syntaxiques

Elles sont manifestes dans deux expressions :

– « Cet homme si plein de pratique » : cette apposition au sujet « il » fait figure d'incidente qui traduit l'opinion du narrateur, comme un clin d'œil au lecteur. Elle est mise en valeur par la redondance (le sujet est exprimé deux fois) et par l'emploi insolite de l'adverbe intensif « si » qui vient modifier un adjectif qui, en langue, ne peut admettre de degré. Enfin, le nom lui-même est insolite : dans ce contexte, on attendrait plutôt « si plein d'esprit pratique ».

– « Il jugea toute pudeur incommode » : l'attribut du complément d'objet direct « incommode », qu'on ne sait s'il faut attribuer à Rodolphe ou au narrateur, fait figure d'impropriété lexicale, comme complément du nom « pudeur », mais appartient pleinement au vocabulaire associé à Rodolphe et conforte notamment ce mot de « pratique » qui le caractérise. Emma est chosifiée : le prénom disparaît dans les pronoms « la » (« la traita »), « en » (« il en fit »), « c' » (« c'était un attachement »), « quelque chose ».

### b - Les mots à double entente

On peut en signaler deux exemples :
– « Quelque chose de souple » : le mot « souple » doit-il être envisagé dans son acception physique ou morale ? L'association avec « corrompu » paraît l'orienter vers son sens physique.
– « Cette supériorité de critique » : ce mot semble aussitôt être remis en question. S'agit-il d'une véritable supériorité dans la mesure où la distance est maintenue sans discernement, « dans n'importe quel engagement » ? Au contraire, cette phrase illustre la froideur d'un calculateur lucide et cynique en toutes circonstances.

### c - Les métaphores

Elles font basculer l'abstrait dans le concret ; deux métaphores filées peuvent être relevées :
– « Le charme de la nouveauté peu à peu tombant comme un vêtement, laissait voir à nu l'éternelle monotonie de la passion » : la métaphore commence par une comparaison annoncée par le mot « comme » pour se poursuivre en métaphore (« à nu »).
– « La parole humaine est comme un chaudron fêlé » : la métaphore attributive assimile la « parole » à un « chaudron ».
Cette concrétisation joue en faveur de la dérision.

### 3 – LA RÉPÉTITION

### a - La répétition explicitée dans le discours d'Emma

D'emblée, l'incise « reprenait-elle » est ambiguë : soit elle signale la reprise du fil d'un discours commencé auparavant, soit elle stigmatise une répétition obsessionnelle. L'imparfait double en outre l'aspect itératif éventuellement associé au sens même du verbe.

La tirade d'Emma est caractérisée par un dédoublement du discours direct qui lui-même inclut d'autres propos rapportés. Les phrases adoptent régulièrement les modalités affectives que sont l'exclamation et l'interrogation. Les mêmes pronoms reviennent et s'entrelacent comme pour mimer cette fusion du couple dont rêve Emma, par exemple les pronoms des première et deuxième personnes du singulier sous différentes formes de même que les adjectifs possessifs des mêmes personnes.

Les phrases sont mécaniquement symétriques « je suis ta servante et ta concubine, tu es mon roi, mon idole » pour s'épanouir dans ce délire final, cette effusion excessive « tu es bon ! tu es beau ! tu es intelligent ! tu es fort ». Le vocabulaire d'Emma est de surcroît extrêmement simple ; les mots qu'elle emploie sont usuels et usés pour Rodolphe.

### b - La répétition dénoncée

Le jugement du narrateur se porte à la fois sur les deux personnages mais Emma, elle, subit en outre le regard désabusé de Rodolphe.

– Le lexique porte un jugement de valeur : « éternelle, monotonie », « ces choses », expression qui se charge d'un sens dépréciatif.

– Les expressions « ressemblait » « tant de », « toutes », « rien d'original » stigmatisent la ressemblance comme signe de banalité.

L'ironie se porte encore sur Rodolphe : un nouvel usage est fait du vocabulaire de la similitude pour dénoncer la monotonie de l'amour, selon le personnage.

#### CONCLUSION

Le mode itératif* choisi pour transcrire cette scène est lui-même comme dupliqué par le lexique du texte et par l'ironie du narrateur qui dénonce la répétition comme sclérosante et insipide.

### Questions pour l'entretien

1)  Quel est l'effet produit par une scène itérative* ?
2)  Quelles sont les autres procédés dont dispose le romancier pour raconter un événement ?
3)  Comment est signifiée l'opposition des deux personnages dans cette scène ?
4)  Comment définiriez-vous Rodolphe ?
5)  Comment se manifeste l'ironie ?
6)  À quoi sert l'ironie dans *Madame Bovary* ?

## E.  Un exemple d'hallucination

---

De « **Emma ne dormait pas** » à « **pharmacie** », deuxième partie, chapitre XII (p. 258-9)

---

Cet extrait fait suite à un paragraphe consacré à Charles et à ses préoccupations certes matérielles mais réalistes, pragmatiques. Le rêve de Charles s'arrête à l'évocation du couple futur formé par Berthe et son époux à venir. « Il la rendrait heureuse ; cela durerait toujours » est une formule qui paraît correspondre au résumé schématique du couple idyllique selon Charles, où la simplicité doit coïncider avec le bonheur. Mais l'absence de communion du couple évoqué laisse percer un optimisme béat et simpliste.

Cette formulation ne pourrait-elle en fait également servir à résumer le rêve d'Emma qui suit ? La finalité des deux rêves est la même, seule l'expression change : à la concision simpliste de Charles, répond l'expansion lyrique d'Emma qui confine au délire chimérique. La juxtaposition de ces deux rêves ne trahit-elle pas le regard ironique du narrateur ?

### 1 – LE RÊVE ENTRE PARENTHÈSES

L'exposé du rêve d'Emma se trouve inséré entre deux passages qui relèvent de la narration et qui paraissent bénéficier de la caution du narrateur (c'est son point de vue qui est adopté et en même temps que la focalisation change, le texte bascule de l'univers onirique, imaginaire d'Emma à l'univers « réel » ou effectif du roman). On assiste à une sorte de superposition de tranches fictionnelles : le roman, œuvre de fiction, inclut le rêve des personnages, comme fiction au second degré.

#### a - Opposition des deux personnages

Le nom propre d'Emma est cité deux fois au début et à la fin, comme un retour à l'identité sociale et fictionnelle du personnage réduit à un « elle » ou encore fondu dans un « ils » pluriel ou un « on » indéterminé.

La phrase inaugurale du texte établit d'emblée le contraste entre les personnages :

– « tandis qu'il s'assoupissait à ses côtés » : la mélodie est descendante, le segment se clôt sur une syllabe fermée et le verbe « s'assoupir » dénote un mouvement involontaire.

– « elle se réveillait en d'autres rêves » : le segment s'ouvre cette fois sur une voyelle féminine ; un nouvel élan est signifié par le verbe « se réveillait » et soutenu par le pluriel emphatique de « rêves ». La suite du texte transcrit le rêve éveillé d'Emma qui confine à l'hallucination.

#### b - Opposition d'Emma au monde de la réalité

Au « et » initial qui signale l'envol d'une rêverie, répond un « mais » qui vient clore l'extrait comme une sanction sans appel, suivi d'un autre « et » (« Et Emma ne s'endormait que le matin ») qui cette fois signale l'enlisement dans une nuit sans sommeil. Emma est constamment déphasée par rapport au monde qui l'entoure : elle se réveille quand Charles s'endort, elle s'endort quand toute la ville s'éveille.

Le réel est mis à distance : sa fille, Berthe, n'est plus désignée que comme « l'enfant », Charles est appelé par son nom de famille, comme perdant toute intimité avec elle. Les actes rapportés à Charles sont triviaux, comme « tousser » ou « ronfler », acte peu élégant encore renchéri par le comparatif « plus fort ».

### 2 – LE PARADOXE DU RÊVE ÉVEILLÉ OU ENTRE RÊVE ET RÉALITÉ

#### a - Le cadre temporel

L'imparfait se trouve à la fois dans les passages narratifs qui encadrent le rêve d'Emma et dans le passage qui rapporte le rêve d'Emma au discours indirect libre ; de là une ambiguïté qui rejaillit sur la valeur à accorder à ce rêve qui prend la réalité d'une hallucination ou d'un mirage. Le conditionnel s'assimile à un futur ludique.

La plongée dans le rêve est soutenue par une armature chronologique qui reconstitue une histoire appuyée sur des indicateurs de temps (« depuis huit jours », « souvent », « et puis »). Ceux-ci, au lieu d'introduire un événement, figent les actions dans le contexte du discours indirect libre, et les installent dans une intemporalité onirique. Un scénario est reconstitué qui suppose une logique, support et garantie d'une vision réaliste.

### b - Une reconstitution qui joue le réalisme

L'article défini est utilisé à la fois dans le rêve et dans les passages narratifs. Il ne se justifie, dans le rêve, que par renvoi à l'univers créé de la fiction, où évoluent les personnages. L'univers d'Emma est défini comme un monde parallèle.

La précision énumérative est paradoxale, comme si elle voulait épuiser le référent dans une description apprise, comme si elle voulait embrigader le réel dans des images clichés. L'énumération est chaotique, véritable amalgame de divers lieux, souvent outrancière voire absurde comme ce plan rapproché qui ferait discerner des nids de cigognes du haut d'une montagne !

### 3 - UN RÊVE STÉRÉOTYPÉ

#### a - L'indétermination

Les pluriels omniprésents, les déterminants de l'indéfinition, les pronoms personnels indéfinis comme « on », « vous », développent l'indétermination, encore accentuée par le flou syntaxique de certains compléments ; l'expression « au galop de quatre chevaux » marque une tendance à l'abstraction qui joue sur la figure de la métonymie* ; l'expression se substitue à une autre plus concrète comme « par quatre chevaux qui galopaient ».

#### b - La schématisation

Elle est illustrée par le rythme binaire (« se promèneraient/ se balance-raient », « facile, large/ chaude, étoilée », « sonner, hennir/ murmure, bruit »), et par la simplicité du vocabulaire qui dénote un rêve puéril.

#### c - Le regard ironique du narrateur

Il met l'accent sur un univers féerique : le mot « cité » se charge d'une connotation littéraire et magique par opposition au terme neutre « ville ». Le verbe « aller » répété est dépourvu de complément de lieu et prend ainsi un sens absolu « ils allaient, ils allaient ».

Avec le terme « cependant », la perspective change. On quitte le point de vue d'Emma pour adopter subrepticement celui du narrateur. L'adverbe sonne comme un avertissement du narrateur qui change de registre. Le bonheur paisible d'Emma est réinterprété comme monotonie dangereuse. Le rêve d'Emma devient « avenir » plat et sans surprise : des échos ironiques confrontent la mer d'Emma aux flots toujours identiques, le balancement du hamac à un balancement insignifiant, les couleurs vives de son rêve à un « bleuâtre » péjoratif et fade.

Un double sens est accordé aux adjectifs « facile et large », d'abord chargés du sens figuré que la comparaison suivante vient effacer au profit du sens propre : « existence facile et large comme leurs vêtements de soie ». La métaphore est certes réduite mais elle ne joue pas ici en faveur d'une explicitation mais au contraire d'une incohérence, d'une absurdité. On parle de diaphore (emploi du mot dans deux sens différents).

« Existence étoilée comme les nuits douces » : le même procédé est utilisé qui dénonce le cliché du clair de lune.

### CONCLUSION

On a affaire ici à un rêve-cliché aux deux sens du terme : le sens de stéréotype est inhérent au texte mais peut-être faut-il aussi évoquer la remotivation ironique du sens originel du terme appartenant au domaine de la photographie : l'aspect répétitif du rêve paraît suggérer une reproduction à l'infini, ce qui est le trait définitoire essentiel d'un cliché ou stéréotype.

### *Questions pour l'entretien*

1)  À partir de ce texte, essayez de définir l'insatisfaction d'Emma et ce qu'on a appelé le « bovarysme ».
2)  Quels sont les lieux communs qui sont raillés ici par Flaubert ?
3)  Quel est l'effet produit par l'imparfait ?

## F. Lignes directrices pour d'autres études

– **La scène des Comices** (un modèle de construction et une scène de séduction déguisée) (II, 8), p. 195-198 « je devrais, dit Rodolphe [...] qui nous éclaire ».

– Alternance entre la scène des personnages et le discours du conseiller : effets grotesques par les rencontres insolites des répliques.

– Discours trompeur de Rodolphe qui joue le romantique (il se présente comme un marginal, il prétend rêver d'un monde meilleur, il prône le cliché de l'âme sœur).

– Ironie du narrateur qui supervise la scène.

– **La scène de l'agonie d'Emma**
(III, 8), p. 410-413 « Le prêtre se releva [...] Elle n'existait plus »

### *1. Progression dramatique (rythme, mouvement)*

– L'extrême-onction et ses effets (« tombé à terre »).

– Le malentendu tragique avec l'espoir de rémission.
– La phase ultime de l'agonie.
– L'apparition de l'Aveugle.

La structure des paragraphes rythme la progression du texte : un long paragraphe est consacré au premier mouvement puis de courtes séquences se succèdent. Le rythme s'accélère jusqu'aux trois dernières phrases en construction parataxique consacrées aux ultimes moments d'Emma.

### 2. Réalisme de la scène

– Réalisme du rituel religieux.
– Réalisme de l'agonie.
– Comportement des personnages secondaires.

### 3. Symbolisme de la scène

– La vie dissolue d'Emma : l'extrême-onction rappelle ses péchés mais la religion n'est d'aucun secours pour elle. Emma cherche en Dieu l'amour humain. L'Aveugle qu'on entend sans le voir fait resurgir l'adultère comme une mauvaise conscience qui torture.

– L'ironie de Flaubert : elle porte sur la religion (les gestes mécaniques de Bournisien) et sur les personnages.

# ANNEXES

Extraits de la correspondance de Flaubert :

## Réflexions sur l'écriture

« Je sais voir et voir comme voient les myopes, jusque dans les pores des choses [...]. Il y a en moi, littérairement parlant, deux bonshommes distincts : un qui est épris de *gueulades*, de lyrisme, de grands vols d'aigle, de toutes les sonorités de la phrase et des sommets de l'idée ; un autre qui fouille et creuse le vrai tant qu'il peut, qui aime à accuser le petit fait aussi puissamment que le grand, qui voudrait vous faire sentir presque *matériellement* les choses qu'il reproduit. » (À Louise Colet, 16 janvier 1852).

« Ce que je voudrais faire, c'est un livre sur rien, un livre sans attache extérieure, qui se tiendrait de lui-même par la force interne de son style [...]. Les œuvres les plus belles sont celles où il y a le moins de matière ; plus l'expression se rapproche de la pensée, plus le mot colle dessus et disparaît, plus c'est beau. » (*Id.* À propos de *L'Éducation sentimentale*).

« Tout le talent d'écrire ne consiste après tout que dans le choix des mots. C'est la précision qui fait la force. » (À Louise Colet, 22 juillet 1852).

« L'auteur, dans son œuvre, doit être comme Dieu dans l'univers, présent partout et visible nulle part. [...] Que l'on sente dans tous les atomes, à tous les aspects, une impassibilité cachée et infinie. » (À Louise Colet, 9 décembre 1852).

« Un livre, cela vous crée une famille éternelle dans l'humanité. » (25-26 mars 1854).

« Je crois que le grand Art est scientifique et impersonnel. Il faut, par un effort d'esprit, se transporter dans les personnages, et non les attirer à soi. » (À George Sand, 15-16 décembre 1866).

## À propos de *Madame Bovary* : L'écrivain et son œuvre

« Ce qui fait que je vais si lentement, c'est que rien dans ce livre n'est tiré de moi ; jamais ma personnalité ne m'aura été plus inutile [...].

La littérature prendra de plus en plus les allures de la science ; elle sera surtout *exposante*, ce qui ne veut pas dire didactique. Il faut faire des tableaux, montrer la nature telle qu'elle est, mais des tableaux complets, peindre le dessous et le dessus. » (À Louise Colet, 6 avril 1853).

« Tantôt, à 6 heures, au moment où j'écrivais le mot attaque de nerfs, j'étais si emporté, je gueulais si fort et sentais si profondément ce que ma petite femme éprouvait, que j'ai eu peur moi-même d'en avoir une. » (À Louise Colet, 23 décembre 1853).

« N'importe, bien ou mal, c'est une délicieuse chose que d'écrire, que de ne plus être *soi*, mais de circuler dans toute la création dont on parle. Aujourd'hui par exemple, homme et femme tout ensemble, amant et maîtresse à la fois, je me suis promené à cheval dans une forêt, par un après-midi d'automne, sous des feuilles jaunes, et j'étais les chevaux, les feuilles, le vent, les paroles qu'ils se disaient et le soleil rouge qui faisait s'entrefermer leurs paupières noyées d'amour. » (*Id.*).

## Le réalisme

« Croyez-vous donc que cette ignoble réalité, dont la reproduction vous dégoûte, ne me fasse tout autant qu'à vous sauter le cœur ? Si vous me connaissiez davantage, vous sauriez que j'ai la vie ordinaire en exécration. Je m'en suis toujours personnellement écarté autant que j'ai pu. Mais esthétiquement, j'ai voulu, cette fois, et rien que cette fois, la pratiquer à fond. Aussi, ai-je pris la chose d'une manière héroïque, j'entends minutieuse, en acceptant tout, en disant tout, en peignant tout. » (À Laurent-Pichat, 2 octobre 1856).

« On trouve que je suis trop vrai […]. La morale de l'Art consiste dans sa beauté même, et j'estime par-dessus tout d'abord le style, et ensuite le Vrai […]. Les milieux communs me répugnent et c'est parce qu'ils me répugnent que j'ai pris celui-là, lequel était archi-commun et anti-plastique. » (À son oncle Louis Bonenfant, 12 décembre 1856).

« *Madame Bovary* n'a rien de vrai. C'est une histoire *totalement inventée* ; je n'y ai rien mis ni de mes sentiments ni de mon existence. L'illusion […] vient au contraire de l'*impersonnalité* de l'œuvre. C'est un de mes principes, qu'il ne faut pas *s'écrire*. L'artiste doit être dans son œuvre comme Dieu dans la création, invisible et tout-puissant ; qu'on le sente partout, mais qu'on ne le voie pas. » (À Mlle Leroyer de Chantepie, 18 mars 1857).

## La scène de l'Auberge du Lion d'Or

« Que ma *Bovary* m'embête ! Je commence à m'y débrouiller pourtant un peu. Je n'ai jamais de ma vie rien écrit de plus difficile que ce que je fais maintenant, du dialogue trivial ! Cette scène d'auberge va peut-être me demander trois mois, je n'en sais rien. J'ai envie de pleurer par moments, tant je sens mon impuissance. Mais je crèverai plutôt que de l'escamoter. J'ai à poser à la fois dans la même conversation cinq ou six personnages (qui parlent), plusieurs autres (dont on parle), le lieu où l'on est, tout le pays, en faisant des descriptions physiques de gens et d'objets, et à montrer au milieu de tout cela un monsieur et une dame qui commencent (par sympathie de goûts) à s'éprendre un peu l'un de l'autre […]. Il me faut faire parler, en style écrit, des gens du dernier commun, et la politesse du langage enlève tant de pittoresque à l'expression ! » (À Louise Colet, 19 septembre 1852).

## La scène des Comices

« Quelle difficulté que le dialogue, quand on veut surtout que le dialogue ait du *caractère* ! Peindre par le dialogue et qu'il n'en soit pas moins vif, précis et toujours distingué en restant même banal, cela est monstrueux. » (À Louise Colet, 30 septembre 1853).

« Bouilhet prétend que ce sera la plus belle scène du livre. Ce dont je suis sûr, c'est qu'elle sera neuve et que l'intention en est bonne. Si jamais les effets d'une symphonie ont été reportés dans un livre, ce sera là ! *Il faut que ça hurle par l'ensemble*, qu'on entende à la fois des beuglements de taureaux, des soupirs d'amour et des phrases d'administrateurs. » (À Louise Colet, 12 octobre 1853).

# GLOSSAIRE

## NOMS PROPRES ET MOUVEMENTS CULTURELS

**Darwin** : Charles Darwin (1809-1882) est un naturaliste et un biologiste anglais. La théorie de l'évolution ou évolutionnisme, développée dans son ouvrage *De l'origine des espèces par voie de sélection naturelle* paru en 1859 et traduit en français en 1862, explique les mécanismes de l'évolution des êtres vivants, dont l'influence déterminante du milieu. Balzac avait déjà transposé les conclusions des biologistes à l'Humanité : il y a autant d'hommes différents qu'il y a de milieux différents.

**Naturalisme** : emprunté au vocabulaire des sciences naturelles, le mot est employé en peinture dès 1839 pour désigner une technique de représentation réaliste qui veut reproduire avec exactitude la nature. Le mouvement littéraire du même nom s'inscrit dans la continuité du Réalisme et s'affirme avec la publication du recueil *Les Soirées de Médan* (du nom d'un village où Zola recevait les amis du groupe). Le naturalisme se caractérise par la volonté de peindre la réalité sociale dans tous ses aspects et en particulier les milieux prolétaires. Les écrivains naturalistes revendiquent plus nettement que les Réalistes des ambitions scientifiques et Zola écrit en 1880 le *Roman expérimental* d'après *L'Introduction à l'étude de la médecine expérimentale* (1865) de Claude Bernard (1813-1878).

**Positivisme** : le positivisme affirme la primauté de l'observation et de l'expérience des phénomènes. Auguste Comte (1798-1857), disciple de Saint-Simon, passe pour le fondateur de la sociologie. Le positivisme s'oppose au spiritualisme, doctrine philosophique centrée sur l'existence de l'esprit comme principe distinct et indépendant du corps et affirme la supériorité de l'esprit sur la matière.

**Taine** : Hippolyte Taine (1828-1893) est un philosophe, historien et critique français. Il applique aux sciences humaines les méthodes des sciences biologiques. Dans son Introduction à l'*Histoire de la littérature anglaise* (1863), il définit les paramètres qui déterminent les individus : la race, le milieu, le moment.

## LEXIQUE D'ANALYSE

**Acception** : l'un des sens possibles d'un terme.

**Actant** : rôle joué dans l'action. Greimas, linguiste né en 1917, développe l'analyse dite structurale des récits et définit l'analyse actancielle qui repose sur différentes fonctions : Sujet, Objet, Destinataire, **Opposant** (rôle assuré par un personnage, un objet ou une force qui contrarie la quête du héros), **Adjuvant** (rôle assuré par un personnage, un objet ou une force qui favorise ou aide cette quête).

**Analepse** : procédé qui consiste à raconter après-coup un événement antérieur. Syn. : retour en arrière.

**Apodose** : seconde partie de la phrase ou période qui se clôt sur le point final. La première partie est appelée la protase.

**Axiologique** : le vocabulaire axiologique regroupe les mots qui portent un jugement de valeur.

**Chiasme** : figure qui repose sur le croisement de deux éléments.

**Ellipse** : le temps du récit est nul. Certains fragments du réel ne sont pas transcrits.

**Embrayeur** : tout élément dont le sens dépend du contexte où il est prononcé ou écrit.

**Éponyme** : le personnage éponyme est celui qui donne son nom au roman.

**Euphonie** : harmonieuse combinaison des sons.

**Hypallage** : figure qui attribue à un mot d'une phrase ce qui convient à un autre mot de cette phrase.

**Isotopie** : ce terme est le plus souvent restreint à « l'isotopie sémantique » c'est-à-dire au retour des mêmes sèmes ou unités de sens qui donne sa cohérence à un texte. Il y a isotopie quand les mots renvoient au même univers de discours.

**Itératif** : qui raconte une fois ce qui s'est passé n fois.

**Litote** : figure d'atténuation qui consiste à dire moins pour faire entendre plus.

**Métonymie** : figure de rhétorique qui consiste à désigner un élément par un autre qui lui est associé sur le plan du sens. On peut désigner le contenu par le contenant, la cause par l'effet (métalepse) par exemple.

**Modalisation** : ensemble des traces du locuteur dans l'énoncé, qui manifestent son attitude par rapport à ce qu'il dit (rejet, doute ou complète adhésion). La modalisation peut se réaliser à travers des modalisateurs.

**Paradigme** : ensemble des formes que peut prendre un élément, généralement un verbe. Syn. : déclinaison ou flexion.

**Parataxe** : procédé qui consiste à juxtaposer des éléments d'une phrase ou des phrases tout entières sans subordination ou coordination. Antonyme (contraire) : hypotaxe.

**Pauses** : le temps de l'histoire s'immobilise. C'est le lieu de la description, dont on peut interroger le contenu, le mode d'insertion dans le récit, la fonction dans l'histoire ou la narration

**Période** : la période, dans le sens le plus large, désigne une phrase définie comme une unité thématique, grammaticale et mélodique (voir Georges Molinié, *Dictionnaire de rhétorique*, Paris, Livre de poche, 1992, p. 266). Dans un sens plus restreint, on parle de période pour désigner une phrase longue, rythmée, qui se développe au gré de parallélismes établis entre ses membres, de phénomènes d'attente et de relance qui composent sa ligne mélodique.

**Prolepse** : phénomène qui consiste à raconter à l'avance un événement ultérieur. Syn. : anticipation.

**Sommaire** : le temps de l'histoire est plus long que le temps du récit. Le narrateur condense une longue durée en quelques lignes.

**Syntagme** : unité syntaxique formée par un groupe de mots.

**Truisme** : vérité d'évidence (cf. lapalissade), qui n'a pas besoin d'être expliquée.

# BIBLIOGRAPHIE

Flaubert Gustave,

    *Madame Bovary*, 1857, Paris, Louis Conard, 1930.

    *Madame Bovary*, 1857, Paris, Les Belles Lettres, 1945, 2 vol.

    *Madame Bovary*, 1857, Paris, Gallimard, 1972 (Préface de Maurice Nadeau).

    *Madame Bovary*, 1857, Paris, Bordas, 1990 (Préface de Claudine Gothot-Mersch).

**Édition utilisée**

    *Madame Bovary, Mœurs de province* (1857), Paris, Gallimard, 1972, (Folio classique).

    Flaubert Gustave, *Correspondance*, Paris, Louis Conard éditeur, 1902.

    *Extraits de la correspondance ou Préface à la vie d'écrivain*, présentation et choix de G. Bollème, Paris, Seuil, 1963.

Du Camp Maxime, *Souvenirs littéraires*, (1822-1894), Paris, Hachette, 1962.

**Ouvrages critiques généraux**

Adam Jean-Michel, *Le Texte narratif*, Paris, Nathan Université, 1985.

Bafaro G., *Le Roman réaliste et naturaliste*, Paris, Ellipses, 1995.

Bal Mieke, *Narratologie*, H.E.S., Utrecht, 1984.

Becker Colette, *Lire le réalisme et le naturalisme*, Paris, Dunod, 1998, 2ᵉ édition.

Bourneuf Roland, et Ouellet Réal, *L'Univers du roman*, Paris, P.U.F., 1975.

Dumortier J.-L. et Plazanet F., *Pour lire le récit*, Paris, De Bœck-Duculot, 1990.

Genette Gérard,

    *Figures I, II, III*, Paris, Seuil, 1966, 1969, 1972.

    *Nouveau Discours du récit*, Paris, Seuil, 1983.

    *Travail de Flaubert*, présentation par G. Genette, Paris, Seuil, 1983.

Gengembre Gérard, *Réalisme et naturalisme*, Paris, Seuil, 1997.

Goldman Lucien, *Pour une sociologie du roman*, Paris, NRF Gallimard, 1964.

Herschberg Pierrot Anne, *Stylistique de la prose*, Paris, Belin Sup., 1993.

Jouve Vincent, *La Poétique du roman*, Paris, Sedes, 1997.

Lintvelt Jaap, *Essai de typologie narrative*, le « point de vue », Paris, Corti, 1981.

Mitterand Henri, *Le Discours du roman*, Paris, P.U.F., 1986.

Raimond Michel, *Le Roman depuis la Révolution*, Paris, Armand Colin, 1967.

Valette Bernard, *Le roman, initiation aux méthodes et aux techniques modernes d'analyse littéraire*, Paris, Nathan, 1992.

**Ouvrages critiques consacrés à Flaubert et *Madame Bovary***

*Analyses et réflexions sur Flaubert, L'Éducation sentimentale*, Paris, Ellipses, 1989.

Buisine Alain, *Emma Bovary*, Paris, Autremont, 1997.

Dufour Philippe,

*Flaubert et le pignouf*, Presses Universitaires de Vincennes, 1993.

*Flaubert ou la prose du silence*, Paris, Nathan, 1997.

Ferraro Thierry, *Étude de* Madame Bovary, Paris, Marabout, 1994.

Gaultier Jules de, *Le Bovarysme*, Paris, Mercure de France, 1902.

Gengembre Gérard, *Gustave Flaubert* : Madame Bovary, Paris, P.U.F., 1990.

Gothot-Mersch Claudine, *La Genèse de* Madame Bovary, Genève, Paris, Slatkine Reprints, 1980.

Hermine Micheline, *Destins de femmes, désir d'absolu : essai sur Madame Bovary et Thérèse de Lisieux*, Paris, Beauchesne, 1997.

Lottman Herbert, *Gustave Flaubert*, Paris, Fayard, 1989, traduit de l'anglais par Marianne Véron.

Martinez Michel, *Les Romans de Flaubert*, Paris, Seuil, 1998.

Neefs Jacques, *Madame Bovary*, Paris, Classiques Hachette, 1972.

Philippot Didier, *Vérité des choses, mensonge de l'homme dans* Madame Bovary *de Flaubert : de la nature au Narcisse*, Paris, Champion, 1997.

Proust Marcel, *À propos du style de Flaubert* in Chroniques, Paris, Gallimard, 1992.

Riegert Guy, Madame Bovary, *analyse critique*, Paris, Hatier, 1971.

Rousset Jean, « *Madame Bovary* ou le livre sur rien » in *Forme et signification*, Paris, Corti, 1964.

# TABLE DES MATIÈRES

Achevé d'imprimer en août 1999 dans les ateliers de Normandie Roto Impression s.a., 61250 Lonrai
N° d'impression : 991718    Dépôt légal : août 1999